# 广告设计

主　编　王　贇　魏舒娜
　　　　高　哲
副主编　董　蕾　杨明洁
　　　　万　煦　向　颖

**图书在版编目（CIP）数据**

广告设计/王贇，魏舒娜，高哲主编．—合肥：合肥工业大学出版社，2022.12
ISBN 978-7-5650-5947-6

Ⅰ.①广…　Ⅱ.①王…②魏…③高…　Ⅲ.①广告设计　Ⅳ.①F713.81

中国版本图书馆CIP数据核字（2022）第211644号

**广告设计**

王　贇　魏舒娜　高　哲　主　编　　　责任编辑　张　慧

| | | | |
|---|---|---|---|
| 出　版 | 合肥工业大学出版社 | 版　次 | 2022年12月第1版 |
| 地　址 | 合肥市屯溪路193号 | 印　次 | 2022年12月第1次印刷 |
| 邮　编 | 230009 | 开　本 | 889毫米×1194毫米　1/16 |
| 电　话 | 人文社科出版中心：0551-62903205 | 印　张 | 8.75 |
| | 营销与储运管理中心：0551-62903198 | 字　数 | 158千字 |
| 网　址 | www.hfutpress.com.cn | 印　刷 | 安徽联众印刷有限公司 |
| E-mail | hfutpress@163.com | 发　行 | 全国新华书店 |

ISBN 978-7-5650-5947-6　　　定价：59.00元

广告设计课程是视觉传达设计、广告学专业的专业核心课程之一，其根本任务在于培养掌握相关专业知识，具有较好的视觉艺术审美素养，具备良好的广告创意、策划、设计和制作能力，能够运用新的设计理念及新的设计手段进行广告设计的创新型设计人才。

《广告设计》是编者根据近年来在教学及设计实践中积累的经验和遇到的问题，广泛参考近年来出版的专著、教材等，以广告设计策划和广告设计表现的实际需求为编写的依据，以“目标拟定、市场策略、创意执行”流程为内容选择的标准，以典型的广告设计策划与表现项目任务为载体，主要围绕广告设计知识、能力、素质目标等方面组织编写的，并结合学生认知规律编排教材内容的顺序。

本教材在编写上力求突出课程的综合性、创新性和实践性，内容上图文并茂，理论与实践相结合，使学生能够边学边练，较为全面地掌握广告设计的基本知识，具备广告设计的能力。本教材适合本科、大专、高职高专院校学生使用，亦可作为在社会上从事广告设计相关人员及相关专业学生的专业参考书。

教材以体现训练项目导入、工作任务目标达成为设计主导思想。教材内容注重能力培养，并体现任务驱动，以学生为教学主体，灵活多样设计任务，创设真实情景，引导学生进行观察、调研、思考和创意等活动，着重培养学生的分析判断与表现能力，为学生设计制作出广告设计方案提供帮助。教材编写的案例和呈现方式尽量考虑岗位需求和学生认知水平，强调适用和够用原则，以方便教学。教材内容贯彻与时俱进的原则，借鉴国内外最新的研究成果和设计案例，及时更新教学内容。教材中所列举的设计项目案例注意典型性、时代性与可操作性。

本教材由武昌工学院王赟等担任主编，负责教材编写和统稿。武昌工学院董蕾和杨明洁、汉口学院万煦、武汉文理学院向颖参与了本教材编写工作，并提供了部分设计案例。合肥工业大学出版社为本教材进行编辑与校对工作，使得教材内容翔实丰富，在此一并表示衷心感谢。

对于广告设计的基础教学，各个学校都在进行探讨和改革，教学内容和方法也不尽相同，获得了不少新的经验。由于编者实践经验和理论水平的限制，教材中的缺点错误在所难免；另限于篇幅，未免粗略。不足之处，敬请读者批评指正。

**编　者**

2022年12月

1

# 第一章 广告设计概述

**教学目标：**通过对广告设计进行简要陈述，要求学生理解广告设计的基本概念与发展历史，熟悉广告设计的功能、类型，掌握作品的评价标准，对广告设计职业能力与岗位有一定的了解。

**教学重点：**理解广告设计的定义、广告的功能和类型，掌握广告作品的评价标准。

**教学难点：**掌握广告作品的评价标准。

## 第一节 广告设计概述

### 一、广告的基本概念

所谓广告，从字面意义理解，就是“广而告之”，即向公众通知某一件事，或劝告大众遵守某一规定。但这并不是广告的定义，而是对广告的一种广义的解释，说明广告是向大众传播信息的一种手段。

广告一词，源于拉丁文advertere，其意思是诱导和吸引人注意。中古英语时期，其演变为advertise，含义衍化为“使某人注意到某件事”，或“通知别人某件事，以引起他人的注意”。直到17世纪末，英国开始进行大规模的商业活动。这时，广告一词便广泛地流行并被使用。此时的广告，已不单指一则广告，而指一系列的广告活动。静止的物的概念的名词advertise被赋予现代意义，转化为advertising。

《中华人民共和国广告法》对广告的解释：商品经营者或者服务提供者承担费用，通过一定的媒介和形式直接或者间接地介绍自己所推销的商品或者所提供的服务的商业广告活动。

我国1980年出版的《辞海》给广告下的定义：广告是向公众介绍商品，报道服务内容和文艺节目等的一种宣传方式，一般通过报刊、电台、电视台、招贴、电影、幻灯、橱窗布置、商品陈列等形式来进行。

中国大百科全书出版社出版的《简明不列颠百科全书》对广告的解释：广告是传播信息的一种方式，其目的在于推销商品、劳务，影响舆论，博得政治支持，推进一种事业或引起刊登广告者所希望的其他反应。广告信息通过各种宣传工具，其中包括报纸、杂志、电视、无线电广播、张贴广告及直接邮送等，传递给它所想要吸引的观众或听众。广告不同于其他传递信息的形式，必须由登广告者付给传播信息的媒介以一定的报酬。

美国人格林沃尔德在1973年出版的《现代经济词典》一书中，对广告一词作了如下解释：广告是为了达到增加销售额这一最终目的而向私人消费者、厂商或政府提供有关特定商品、劳务或机会等消息的一种方法。它传播关于商品和劳务的消息，向人们说明它们是些什么东西、有何用途、在何处购买以及价格多少等细节。

### 二、广告设计的概念

广告设计是广告的主题、创意、语言文字、形象、衬托等5个要素构成的组合安排。所谓广告设计是广告行为活动中的重要环节，是指广告从业人员根据广告主提出的目标要求从创意到制作的过程。广告设计从狭义上说属于广告的执行阶段，即通过对图、文、色的应用进行广告的视觉创作与编排；从广义上说，是指在策略定位的前提下，利用创意、形式美感进行广告的创作。因此，广告设计包括创意构思与视觉表现、用视觉符号传达出来并产生影响的全过程。广告设计的最终目的就是通过广告来达到吸引人眼球的效果。

## 第二节　国内外广告的发展

### 一、中国广告的发展

#### （一）早期广告设计状况

中国封建社会的广告形式主要有：实物叫卖、招牌、幌子、灯笼、门匾、门楼、酒旗、店面装饰、广告语句、雕版印刷物等。从北宋风俗画家张择端的《清明上河图》（如图1–1）可看到诸如“刘家上色

图 1–1　《清明上河图》（局部）/张择端

沉檀楝香”“赵太丞家”等招牌门匾。《清明上河图》以精致的工笔记录了徽宗时代首都汴京郊区和城市内汴河两岸的自然风光与繁荣景象，生动地描绘了各种商贩人物形象、店铺酒家的招牌和酒旗等，不仅体现了北宋当时经济的发达，也体现了广告的创意已经深入人心。

随着科技水平的提高，自从中国发明了造纸术和印刷术以后，印刷媒介以不同的形式传播开来。印刷技术的发明为广告提供了新的传播媒介——印刷品。在唐代发明雕版印刷术的基础上，经宋代毕昇改造后产生了活字印刷术，它们都为以后的印刷广告奠定了基础。历史资料证明，宋代已开始出现印刷品广告。现存于上海博物馆的北宋时“济南刘家功夫针铺”的雕刻铜版印刷广告，是我国商标与广告史上的珍贵历史文物，上面不仅有店铺名称，还有兔子的商标及广告语（如图1-2），业内一致认为其是我国最早的商标。其广告创意充分体现了图文并茂、文字简练的广告宣传方式，迎合了大众的心理和情感需求。从整体来看，白兔捣药的图案相当于店铺的标志，广告化的文字宣传突出了产品的原材料、质量、销售方式和营销手段等。这样的商标设计能起到广告宣传的作用，可以说是我国古代相对完整的平面广告作品。

图 1-2　“济南刘家功夫针铺”雕刻铜版印刷广告

宋以后的元、明、清各朝代，商品经济亦有不同程度的发展，在全国各地形成了不同的商业中心。在这期间，虽然广告的应用是活跃的，但广告形式却未有创新，依然是对以前种种广告形式的延续。

## （二）近代广告设计状况

清朝末年至民国初期是广告设计的时代转折点，这一时期的广告设计在中国平面广告历史上具有承前启后的作用。鸦片战争的爆发，一方面使中国社会的性质发生了变化，闭关自守的封建社会开始解体；另一方面，外国资本和商品的大量涌入，为我国的商品生产提供了推动力，促进了工商业的发展。尤其是民族工商业与外国资本之间相互争夺市场的竞争，刺激了广告的发展。19世纪下半叶，现代形式的报纸、杂志开始在我国出现，广告的发展必定受到媒介的影响。以报纸杂志为标志的现代广告是由外商引入的。1872年，《申报》创刊，它是我国现代报纸开端的标志，是近代中国发行时间最久、具有广泛社会影响的报纸，在广告经营方面的表现最为突出，其广告版面比例在50%以上。中文报纸广告的广泛出现，标志着我国近代广告的发展进入一个新的历史时期。漫画广告在20世纪初登陆中国，这种广告创意在中国更多的是揭露当时的国情和人民的生活状态，具有很强的表现力和感染力，形成了一道亮丽的风景线。（如图1-3、1-4、1-5）

图 1-3　民国时期佳木斯公利源环球货店广告画

图 1－4　民国时期哈德门香烟广告画

20世纪二三十年代，广告公司的兴起是我国广告发展史上的又一个里程碑。这一时期生活方式和审美方式的变迁，鲜明地体现了中国社会的现代性转型。以上海为例，在这一时期，广告媒介开始变得多样，出现了多种多样的广告形式。广告公司的业务以报纸广告为主，也出现了其他的广告形式，如路牌、橱窗、霓虹灯、电影、幻灯片等，大体都各有专营公司。有实力的中外企业为了增强竞争力，设有广告部，没有条件设立的依靠广告代理商设计和制作广告，于是促进了广告主与广告经营者的逐步分离，从而出现了广告代理商。其最早以报馆广告代理人和版面买卖人的形式出现，后来就演变为各种广告社、广告公司。

月份牌设计在这一时期达到高峰，产生了以周慕桥、郑曼陀、杭稚英、金梅生为代表的一大批月份牌画家。民国时期的月份牌广告是对中国传统文化的传承，具有鲜明的民族特征；月份牌广告引领了社会潮流，具有时代特征；月份牌广告画在民国时期起到了

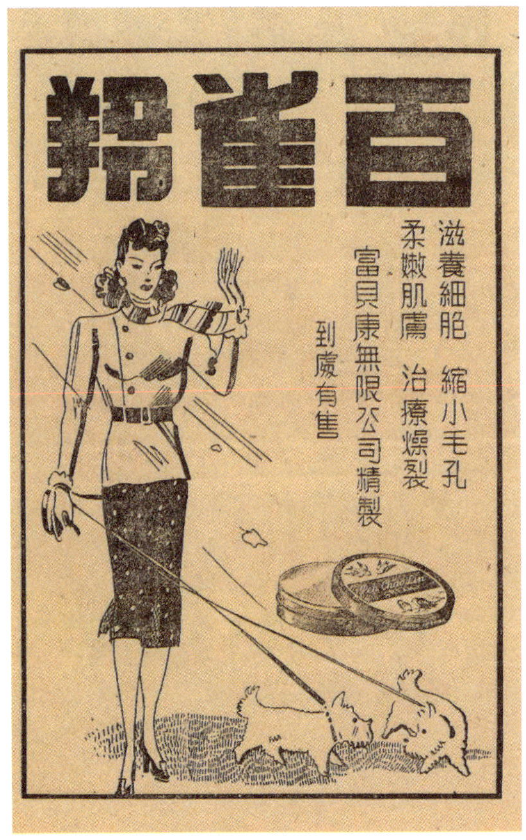

图 1－5　百雀羚广告画

图 1－6　1908 年周慕桥为英美烟草公司绘制的月份牌

引导消费潮流的作用。月份牌广告是当时最具视觉美感和最具有本土特色的艺术形式之一，这些印刷精美的中西融合的彩色广告，为中国近代平面设计的发展开创了极其辉煌繁荣的局面，同时也对中国当代平面设计的进一步发展提供了有益的参考。（如图1–6）

## 二、外国广告的发展

### （一）早期广告时期

广告在世界各国的产生和发展都有着共同的规律，都是随着商品的产生而产生、随着科技的发展而发展的。现存最早的平面广告是公元前3000多年古埃及悬赏寻找“逃跑的奴隶”广告传单，这种广告传单用纸是由尼罗河上游的芦苇类植物——纸莎草精制而成。在古希腊、古罗马时期，一些沿海城市的商业也比较发达，广告已有叫卖、陈列、图文、诗歌和商业招牌等多种，在内容上有推销商品的经济广告、文艺演出、寻人启事等，还有用于竞选的政治广告。

1450年，德国人古登堡发明了金属活字印刷（如图1–7），进一步推动了整个欧洲出版业的发展，欧洲的印刷厂如雨后春笋般涌现出来。印刷术的发明和应用是人类传播史上重要的里程碑，印刷可以大量而迅速地复制信息，以便向广大公众传播，这就深刻地影响了人类的精神和文化发展历程。

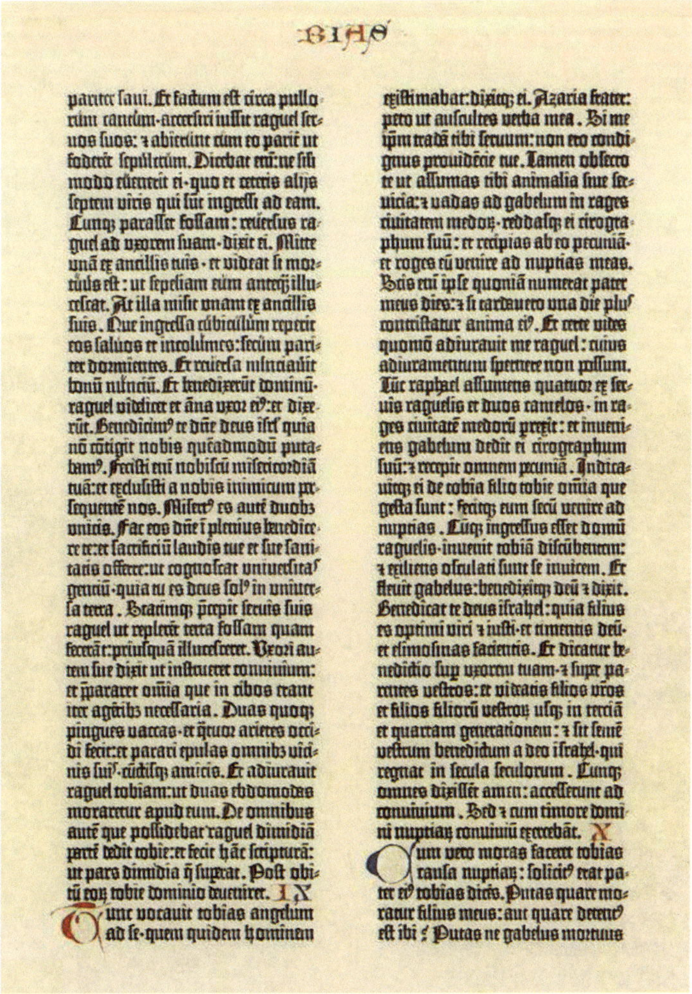

图 1–7　古登堡印刷的《圣经》

17世纪，欧洲经历了文艺复兴的洗礼之后，资本主义经济进一步发展。1609年德国出现了世界上第一份报纸，后发展成为每日出版的《阿维沙关系报》，不久报纸成为德国以及欧洲各国的主要出版物，成为信息交流不可缺少的媒介。1814年，《泰晤士报》开始采用新的高速印刷机印刷报纸。印刷机器带来的低成本、规模化生产，可以满足当时文化与思想水平日益提高的社会公众对信息的大量需求。纸质媒介是现代广告赖以存在和传播的主要媒介，而在此阶段受到印刷术进步驱动的报刊的发展对商业广告的成长至关重要。从此，广告传播的附着形式经历了从“载体”到“媒体”的转变，这是世界广告发展史上的第一座里程碑。印刷媒体与具有现代意义广告的出现是这一时期的主要特点。

### （二）近现代设计运动时期

工业革命时期，随着印刷业和“廉价报纸”的兴起，报纸走进平民生活，报纸成为这一时期广告的主要载体。当时的广告多以白描的手法，平铺直叙地阐述产品特性，风格朴素而率真。随着印刷术的飞速发展，平版印刷的出现使得印刷画面更精美、色彩更真实。海报开始充斥大街小巷，这一时期是海报的黄金时代，搜集海报成为时尚。其他的广告形式还有贴画和路牌广告。广告设计多由画家兼任，几乎没有专业广告设计师。如英国著名插画艺术家奥伯利・比亚兹莱、法国著名画家亨利・德・图卢兹-洛特雷克等人都曾画过大量招贴画及海报。

19世纪，西方资本主义国家相继走上帝国主义道路，工业革命席卷欧美，生产技术的应用与生产规模的扩大使广告业得到迅猛发展，广告公司逐渐产生，广告业开始向成熟期迈进。19世纪70年代的巴黎，不仅是欧洲大众传媒的中心，也是现代海报的产生地。法国海报先驱朱利斯・查理德发明的“三色版印刷工艺”，利用纸张的肌理产生丰富的变化，结合文字图形，使海报引人注目。最早设计广告的法国画家朱尔斯・谢雷特被称为“现代招贴之父”，他直接在石板上画招贴作品，图形写实，色彩明快华丽，形式多样（如图1-8、1-9）。后印象派画家洛特雷克是法国招贴画绘画史上的代表人物，他的作品被认为是招贴画走向成熟的标志（如图1-10、1-11）。

图 1-8　Saxoléine/朱尔斯・谢雷特

图 1-9　Lidia/朱尔斯・谢雷特

图 1－10 红磨坊/洛特雷克

图 1－11 《大使》戏剧演出海报/洛特雷克

20世纪初是世界经济发展的一个重要的历史时期，经济的发展有效地推动了广告业的成长，并使其步入现代广告发展期。一方面，现代艺术领域中各种流派，如野兽派、立体主义、超现实主义、未来主义以及反传统美学思想的达达主义，都是在当时的政治、文化、经济背景中形成的。这个时代的平面广告设计无不反映着时代的思潮，尤其是立体派的绘画技巧鲜明地表现了“装饰艺术”中的平面设计风格，而且这些都为平面广告设计进入现代阶段奠定了基础。另一方面，受工业革命的影响，欧洲及世界各地都不同程度地进入经济发展时代。代表性的设计艺术家有：美国建筑设计师弗兰克·劳埃德·赖特，苏格兰的“格拉斯哥四人”，维也纳“分离派”运动的艺术家，德国设计师贝伦斯，法国的卡桑德拉（其作品如图1-12）、卡鲁等。

图 1-12 不屈服的人/卡桑德拉

1919年，德国著名建筑家、设计教育先驱沃尔特·格罗皮乌斯创办包豪斯学院。在设计理论上，包豪斯提出了“艺术与技术的新统一”“设计的目的是人而不是产品”“设计必然遵循自然法则来进行”的基本观点。在欧洲近半个世纪的现代主义探索中，包豪斯集中了各国对现代主义探索与试验的成果，如荷兰的“风格派”、苏联的构成主义、法国的立体主义。包豪斯作为现代设计运动的中心，至今仍然影响深远。20世纪中叶，欧洲的广告设计出现了崭新的面貌，特别著名的就是“图画现代主义”运动。“图画现代主义”运动在德国被称为“海报风格”运动，德国“海报风格”运动的奠基人是鲁西安·伯恩哈特。在立体主义、象征主义和未来主义的多重影响下，德国的海报设计出现了崭新的面貌（如图1–13）。德国国内涌现出一批非常杰出的新设计家，他们利用简单的图形、平涂的色彩、鲜明的文字，准确而鲜明地表达视觉主题，一方面为商业服务，另一方面逐步发展到为德国的政治服务，对于日后的现代商业海报发展产生了很大的影响。

图 1–13　鲁西安·伯恩哈特的商业海报

## 第三节　广告的功能

广告的功能是多元化的，主要有信息功能、经济功能、社会功能、宣传功能、审美功能等。

### 一、广告的信息功能

广告传递的主要是商品信息，是连接企业、经营者和消费者的桥梁。

广告以其独特的视觉语言传递着特定的内容，是消费者和公众获取有关品牌、产品或者服务的相关信息的有效渠道。这些信息的传播，使消费者了解产品的特点、品牌的优势、服务的差异等。广告为特定目标消费者提供了产品的独有特点、独特利益，并使之在消费者心中占据独特的位置。

传递信息是广告的目的，广告的设计是建立在信息调查与信息反馈之上的。企业和经营者以信息的收集和传递为其生存发展的保证。消费者依靠商品信息的传递满足自身的物质与精神需要。

企业或经营者运用广告手段向市场、消费者提供商品的服务信息，力求使消费者接受，促进购买行为。经济的高速发展，人们物质与精神需要的不断提高，同类产品竞争的日趋激烈，使广告成为商品促销、市场开拓必不可少的手段。

## 二、广告的经济功能

作为经济发展的产物，广告必然承担着对经济流通、营销计划的责任和重担。广告的经济功能体现在沟通产、供、销的整个经济活动中所起的作用与所取得的效果上，广告的信息流动时刻与经济活动联系在一起，促进产品销售和经济发展，有助于社会生产力与商品流通的良性循环，加速商品流通和资金流通，提高社会生产活动的效率，为社会创造更多的财富。广告能有效促进产品销售，指导消费，同时又能指导生产，对企业发展有着不可估量的作用。

## 三、广告的社会功能

广告具有一定的社会功能，它向社会大众传播科技领域的新知识、新发明和新创造，有利于开拓社会大众的视野，活跃人们的思想，丰富人们的物质和文化生活。广告通过传播新的生活观念、提倡新的生活方式和消费方式，形成一种符合国情、与生活水准相协调的社会消费结构，推动社会经济的发展，有助于社会公益事业的发展，促进公共事业的发展。

作为社会活动的一个极为活跃的组成部分，广告影响着整个社会运转的诸多方面。广告所体现出来的价值观、道德观、审美观越来越多地影响到社会大众，并对整个社会环境的维护负有不可推卸的责任。

## 四、广告的宣传功能

广告在传播经济信息的同时，也给社会带来大量的科学、文化、教育、艺术等方面的新知识、新技术及健康科学的生活方式。

广告不仅是连接生产与消费之间的桥梁，而且是一种文化中介。它与受众构成价值关系的同时形成一种文化关系。广告作为一种象征表现，是消费文明的象征语言，是文化创造的成果，具有一定的文化属性。广告所体现出来的文化观念和精神内涵，满足了人们的心理需求和更高层面的精神文化需要。

## 五、广告的审美功能

虽然广告的目的是把商业化对象的信息进行商业化传播，以获得经济效益，但同时也给社会的方方面面带来了深远的影响，广告的审美功能也由此产生。广告是美的创造性的反映形态。作为审美对象，它一方面反映或渗透着一定时代的审美观念、审美趣味、审美理想，凝聚着广告人构思的心血和独创性的精神劳动。从这种意义上说，它是广告人审美心理结构的物质化表现。另一方面，广告又是具有一定审美能力、审美意识的人们欣赏的对象，是物质美、精神美的能动反映，是一种社会意识形态。它通过大众对广告认知、感受和理解的过程，向社会传播某种美学观念，这种美学观念包括道德观、价值观、幸福观、消费观等，从而潜移默化地影响人们的价值观念和生活方式。

## 第四节　广告的类型

对现代广告进行分类研究，是建立现代广告学范畴体系和概念体系的基础。通过对广告进行分类，我们可以加深对其研究对象具体内容的了解，也可以了解消费者对各类产品广告的信任程度，以及各类广告对他们购买决策的影响程度。

广告的形式种类繁多，任何一种以宣传为目的的活动和行为都可以被认为是广告。随着社会经济的发展，现代广告的形式不断增加，按照不同的分类标准可以分为不同的类别，单是平面广告一项就有多种类别。广告根据传播媒介、传播范围、投放地点、传播内容、传播对象、传播形式、传播目的、表现技巧等的不同有不同的分类。

根据不同的标准，我们可以将广告划分为不同的类别。下面是一些较常见到的广告分类方法。

### 一、根据广告对媒体的选择进行划分

按广告媒体的物理性质进行广告分类十分常见，一般可分为6类：

#### （一）印刷广告

印刷广告是指以报纸、杂志等媒体作为传播载体，并采用各种印刷手段来表现的广告形式，也就是所谓的平面广告。如阿迪达斯杂志广告《没有不可能》，巧妙地利用杂志媒介的特点，当读者将杂志的页面翻过去时，广告上的模特也就必然会做一次相应的运动，于是，一幅静态的平面广告在读者的翻动下竟然成为动态的广告，这样的创意必然给读者留下深刻的印象（如图1–14）。

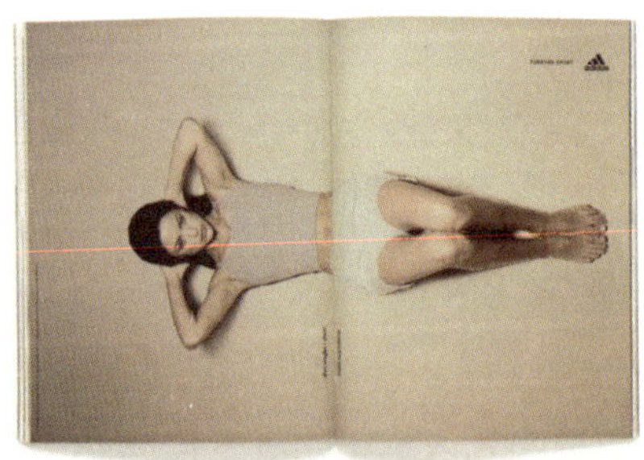

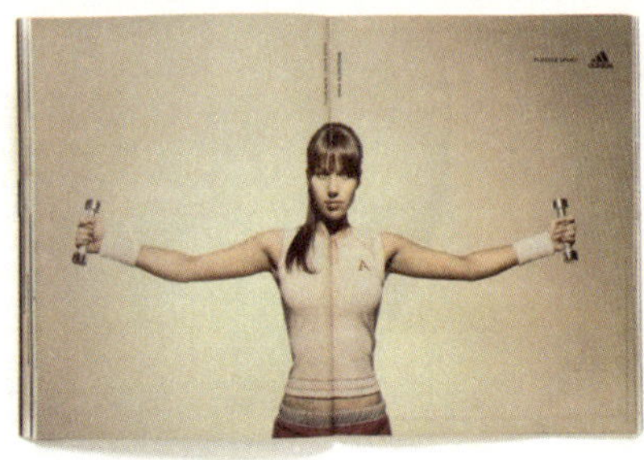

图 1–14　阿迪达斯杂志广告《没有不可能》

### （二）影视广告

作为一种覆盖面较广、能够准确传达并吸引顾客的广告形式，影视广告是现代广告的重要种类之一。影视广告集音乐、动画、影像于一体，是最受关注的广告形式。影视广告以电视、电影等电子媒体为信息传播的载体向目标消费群体展示和宣传企业或产品的优势信息。（如图1–15）

图 1–15　苹果耳机广告片

### （三）广播广告

广播广告是以广播电台为载体进行信息传播的广告形式。广播广告的唯一手段是声音，但广播广告的创意绝不应该以声音作为唯一的创意要素，而应该用情景这个元素去进行创意思维。用声音塑造情景，让听众对音源产生兴趣，让音源顺利通过听众的神经刺激听众脑细胞的想象能力。于是，受众便可以“看”到广告所希望展现的景象，进而产生深刻的印象。

### （四）环境媒体广告

环境媒体广告是以利用户外媒体或其他可负载信息的物体为媒介载体的一种广告形式，较为常见的有高速公路广告牌、交通工具内部及外观广告、站台广告牌等。（如图1–16）

图 1–16　宝马 MINI 汽车户外广告

### （五）直邮广告

通过邮寄的方式将品牌、产品或者服务等的产品说明书、小册子、名片、宣传单、目录等直接传递给个人或特定的组织机构的广告称为直邮广告。现在由于网络的便利，电子邮件的新广告形式开始越来越多地出现，并且设计形式多样化，加入动画、音乐等元素，令人耳目一新。直邮广告的作用是直接向消费者推销商品，以取得直接销售或邮寄销售的效果。（如图1–17）

图 1–17　直邮广告

### （六）互动媒体广告

互动媒体广告是目前最具有发展潜力的广告形式之一。互动媒体广告是广告发起者利用可即时参与体验和修改的数字交互媒介，促使消费者对其产品、服务或观点进行反馈，从而增加产品销售和品牌资产的双向循环交流式广告。由于互联网的便利和渗透力，各种媒体形式都因此发生变化，互动媒体广告就是利用与互联网相关联的视觉媒体（如电脑、电视、手机等）与消费者进行便捷的信息互通的媒体广告形式。例如盒马鲜生超市的盒马小镇通过互动游戏推广超市商品（如图1–18）。

## 二、根据广告目的进行划分

按传播目的对广告进行分类，可分为公共服务性广告（即非营利性广告）和商业性广告（即营利性广告）两大类。

### （一）商业性广告

商业性广告是指在商品生产和商品流通领域及服务性行业内，为了推销商品或劳务，以获取经济利益为目的的广告。这类广告也被称为经济广告，以获取经济利益为最终目的，是广告中比例最大的一类。根据广告服务的各个行业，还可以将商业性广告细分为企业形象、家用电器、交通、食品、饮料、家庭用品、个人用品、办公用品、通信事务、药品、保健品、金融保险、旅游、商业服务、房地产、文教类广告等。商业性广告的宣传对象是广大消费群体，这种信息的传播是有偿的，需要广告主向媒体付费。（如图1–19）

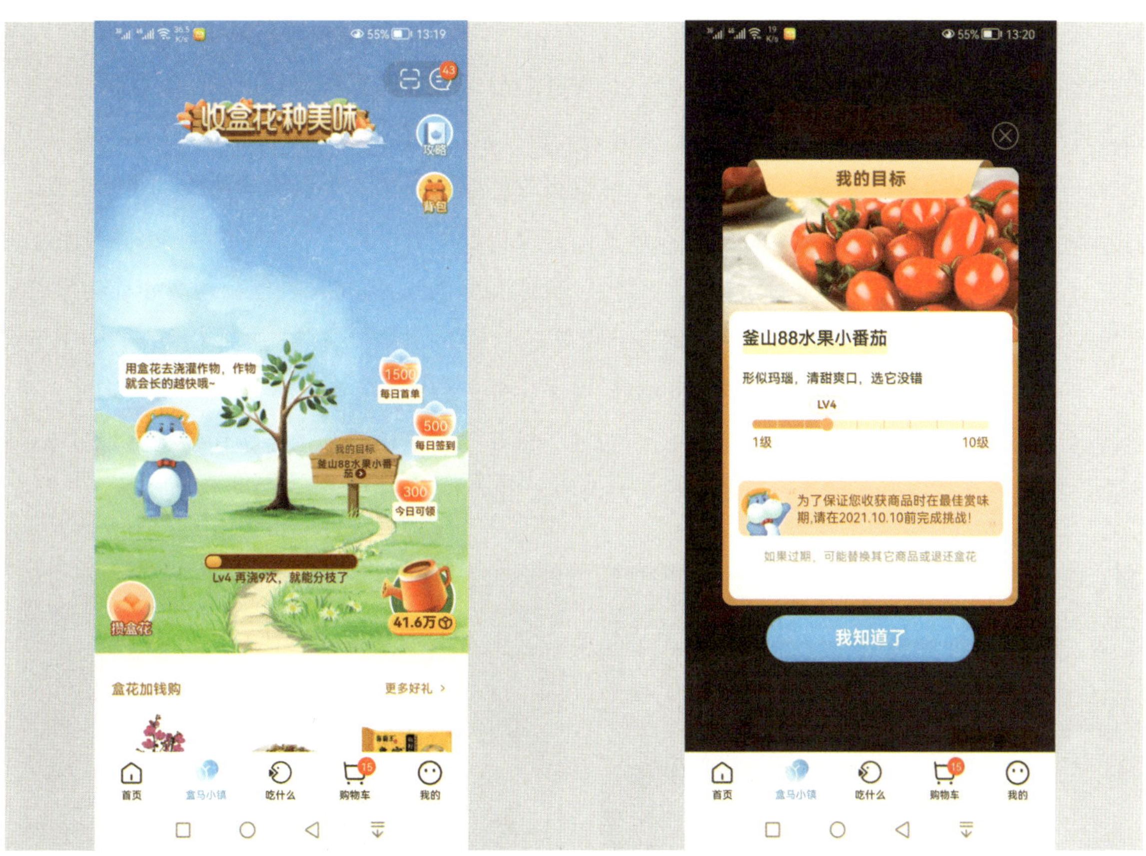


图 1－18　盒马鲜生超市互动媒体广告

图 1－19　高露洁平面广告

## （二）公共服务性广告

公共服务性广告是为公众利益服务的广告，也叫社会公益广告，简称公益广告。公共服务性广告不以营利为目的，因此又称为非营利性广告，主要分为公益广告、文化广告、政治宣传广告等。

公益广告的目标是改变公众的态度与行为，鼓励良性的社会行为。公益广告推广的是社会责任、关心他人、爱国等公益教育，所以都是以免费投放的方式进行的。公益广告以人们共同关注的社会公共问题为题材（如保护自然资源、遵守社会道德、禁烟、交通安全等），宣传一种社会规范和社会道德观念，以提高大家对公益事务的认识、理解水平，促进社会美好地发展。世界自然基金会（WWF）自1961年成立以来，一直致力于公益环保事业，以阻止自然环境恶化，创造人与自然和谐相处的美好未来。世界自然基金会通过各种不同的渠道宣传保护环境的迫切性与重要性，更通过视觉传达让每张海报具有深刻的教育意义，提醒公众关注日渐严重的环境问题，为保护大自然奉献一份力量（如图1-20）。

图1-20 《向野生动物伸出援手》

文化广告是指传播教育、科技、文化、艺术、体育、新闻、出版、旅游等信息的广告。它是以满足人们精神生活需要为主要目的的一种传播手段。例如第34届中国电影金鸡奖主视觉海报《巍巍雄鸡，东方破晓》，海报中的雄鸡形象呈现五彩变化，中国红昭示建党百年的坚定和炽烈，生态绿映衬和谐发展的生机和希望，海天蓝饱含海天一色的清朗和大气，荣耀金彰显电影强国的梦想和使命，古典墨散发传统文化的气质和魅力（如图1-21）。

政治宣传广告指政府及政府各部门为了宣传政策、法令或号召某种行动而对社会发布的广告，具有权威性。政治宣传广告反映人们关注的社会问题，如重大的政治活动、精神文明建设、经济建设等。例如相关部门通过新冠肺炎疫情防控宣传海报，普及疫情防控知识（如图1-22）。

图 1－21　《巍巍雄鸡，东方破晓》

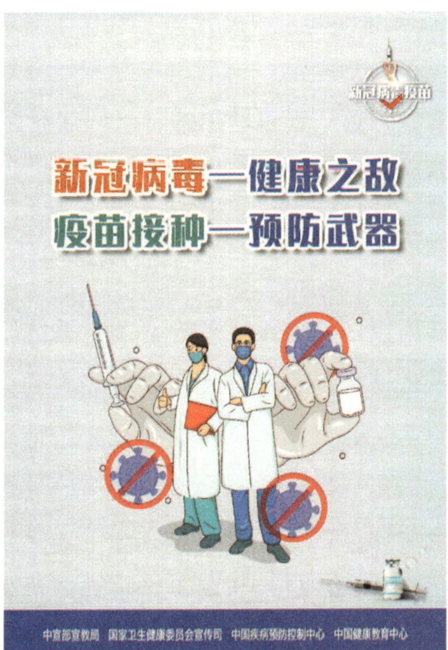


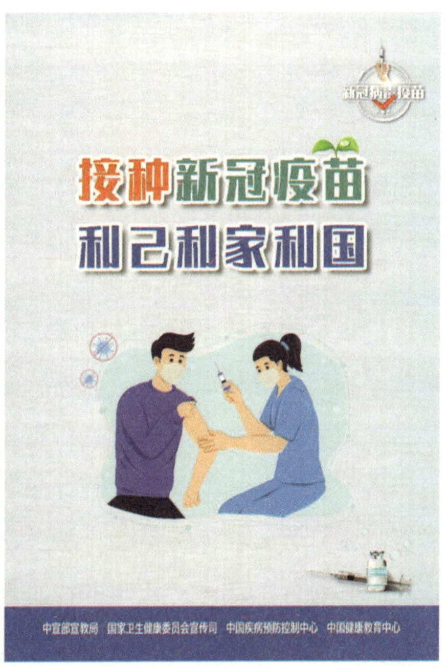

图 1－22　新冠肺炎疫情防控宣传海报

### 三、根据广告营销范围进行划分

广告在前期发布时，都会有营销策略的制定和投放区域的划分，从而使广告在传播区域和媒介使用上有所不同。根据这些划分可以把广告分为国际性广告、全国性广告和区域性广告。

#### （一）国际性广告

国际性广告是企业或经营者以实现国际营销目的，争取国外消费者、开拓国际市场而制作的广告。

#### （二）全国性广告

全国性广告是企业或经营者面向全国消费者和全国市场而制作的广告。此类广告投放区域跨度大，因此应注意不同区域消费者的接受特点。

#### （三）区域性广告

区域性广告是企业或经营者为了使企业营销策略更加完美而局限在某一个区域内进行传播的广告。

## 第五节　广告作品的评价标准

广告有着强烈的目的，优秀的广告能促进销售，广告内容和表现形式两方面作用缺一不可。我们对于平面广告创作通常从视觉冲击力、准确传达信息、建立品牌形象三个方面进行评价。

### 一、视觉冲击力

从视觉表现的角度来说，一则成功的平面广告在画面上应该有非常强的吸引力，一定要让广告画面与广告诉求内容紧密有机地结合在一起。标题也是获取受众注意力并传递信息的关键“武器”，标题一定要简单清晰，让忙碌的受众能够迅速理解和明白其中的含义，这也有利于提高关键利益点的诉求效果。隐晦的标题将会失去大量受众的注意，没有标题的广告直接影响其回忆率和说服力。例如爱尔兰TBWA为Samaritans制作的一组平面广告画面简洁直观，视觉冲击力强且富有内涵。该广告采取图形渐变的创意手法，将人像逐步转变成一个个苦闷的人物外形，一层层的渐变也体现出人在思想的困境中无法解脱（如图1-23）。Just call作为爱尔兰有史以来第一条求助热线，已经连续50年为公众提供免费的情感支持服务。一年365天，一天24小时，志愿者们随时准备帮助那些感到沮丧或悲伤，甚至想要轻生的人。

### 二、准确传达信息

广告最根本的目的就是传递信息。所以，广告设计首先必须主题鲜明，可以准确传递信息。一则成功的平面广告是通过简单、清晰和明了的信息内容准确传递利益要点的。广告信息内容要能够系统化地融合消费者的需求点、利益点和支持点等沟通要素，不用让受众辛苦地寻找内容。当受众需要花很多精力去弄明白广告“到底在讲些什么”的时候，则该广告会失去很多的受众；平面广告也不应该用多余的内容让受众分心，如果广告堆积多余的内容，则不要指望受众会主动来发掘产品的功效，因为他们不习惯做太多额外的思考。正文的作用是通过生动化的描述来支持标题所提到的利益要点，通过利益支持信息来加深读者对广告产品的印象，它属于额外的内容。广告正文应该通篇明晰易读，篇幅过于紧凑和难以阅读都将失去大量的受众；小插图、子标题在一定程度上能够增强说服力，但并不是越多越好；正文空白有助于回忆，但不利于说服受众；幽默的表达方式可以增强广告的新鲜感和娱乐性，从而提升回忆率，但不能滥用更不能作为平面广告的创作目标。例如麦当劳里约奥运会主题广告设计运用图形同构置换的手法，将汉堡包与奥运金牌同构，“吃‘堡’了”的广告语一语双关，“奥运，没你不行”点明广告的主题（如图1-24）。

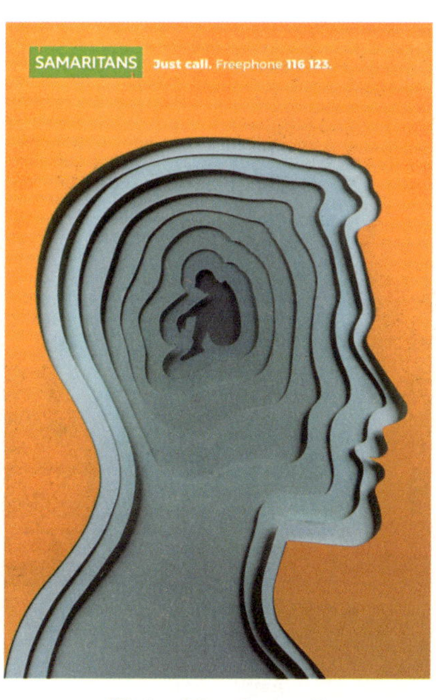

图 1－23　*Just call*

图 1－24　麦当劳里约奥运会广告

### 三、建立品牌形象

从品牌定位策略的高度来衡量，一则成功的平面广告画面应该符合稳定、统一的品牌个性并符合品牌定位策略；在同一宣传主题下的不同版本的广告，其创作表现的风格和整体表现应该能够保持一致和连贯性。例如绝对伏特加创作出了一个品牌在平面广告上的传奇，围绕绝对伏特加酒瓶进行了一系列的广告创作以强化品牌形象，产品的意念与受众心中的品牌融为一体（如图1-25）。

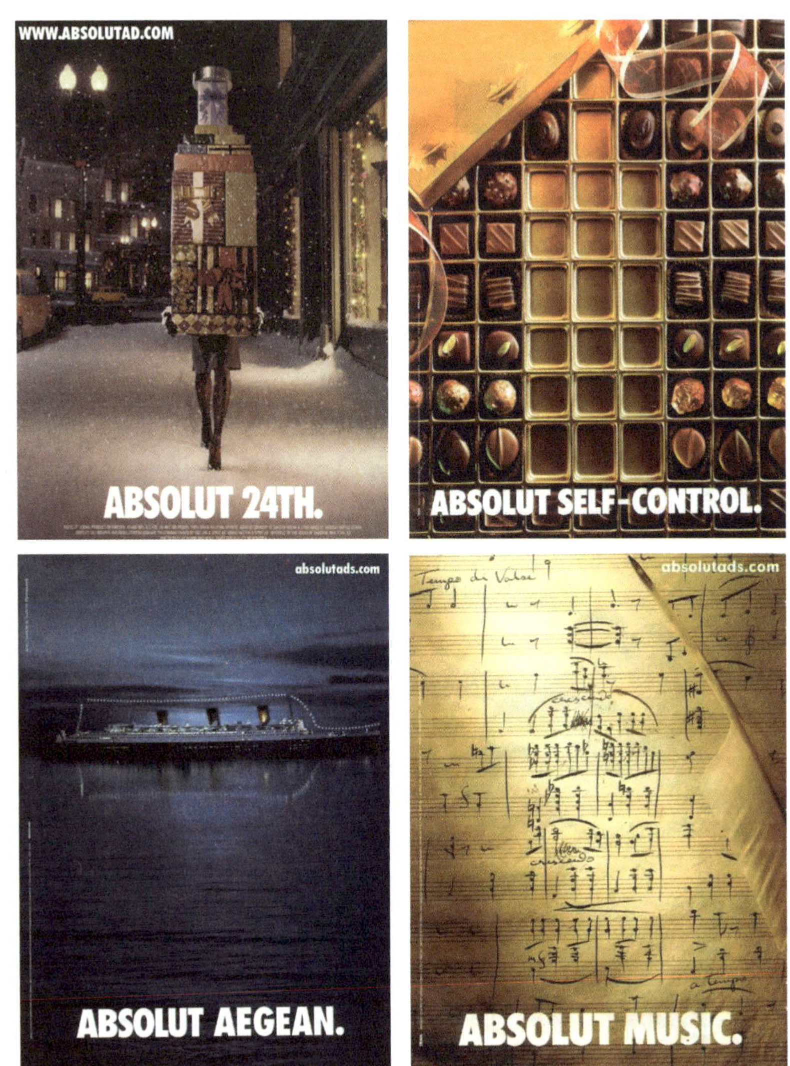


图 1-25　绝对伏特加平面广告

## 第六节　广告设计职业能力与广告机构结构、相关岗位

从现代广告史的角度看，广告设计师是商品信息传播中不可或缺的职位，其身份定位有一个分工细化的演变过程。在广告还处于起步的历史阶段，广告活动的整个过程往往由同一人来负责，此人充当着多种不同的角色，虽然广告公司、广告代理商已相继出现，但广告从业人员仍然显示出非专业化的特

征。到市场经济与商业高度繁荣之时，在科学技术提供新的技术手段（如激光照排、数字印刷、交互技术等）后，广告设计的形态逐步变得多样化，策划、设计、文案等人员才有了明确的分工，这样就明确了广告设计师的地位，它成为事关广告宣传成败和引领时尚潮流的重要职位，受到了人们的青睐。

## 一、广告设计职业能力

### （一）专业基本功和丰富的知识面

广告设计师应掌握广告概论、广告策略、广告创意、广告图形的创作、广告设计的表现、广告设计的版面编排等基本知识；正确运用广告设计的基本规律和创意思维方法，具备设计表达、电脑辅助设计的能力；有宏观把握能力、策划能力和实际操作能力，具备广告设计“目标拟定、市场策略、创意执行”的实战经验和设计能力；还要有较高的审美能力、对市场动向的感受力和对消费者心理的洞察力。广告设计师必须形象思维能力和抽象思维能力兼备，因为广告设计不仅需要感性的艺术创意灵感，还需要理性的科学分析。在文学、艺术、哲学、史地、科学常识、生活常识、流通、消费、流行等方面，广告设计师也都应具备较好的知识储备。具有丰富知识和经验的人，更容易产生新的想法和独到的见解。丰富的知识是设计人员创造性思维的重要前提，是引发灵感和火花的源泉。

### （二）丰富的想象能力和创新能力

丰富的想象力是创造性的一个重要标志，是孕育形象和进行广告创意的基本条件，是进行创造的重要前提。每一个成功的广告宣传活动，其核心都是创意理念。找到一个原创的理念以及和这一理念相关的各种想法，需要创意团队来完成。广告设计中创意团队的职责就是从相关团队所提供的创意简报出发，发展出广告想法和理念。

想象能力和创新能力是相辅相成的。想象是创新的前提，没有想象，就不可能有创新，只有插上想象的翅膀，才能到达广告设计艺术应有的高度。创新是广告设计师的灵魂，是广告设计的生命力所在，因而是广告设计师必须时刻关注的内容。

### （三）应急反应能力和说服能力

当广告设计师面对市场竞争、商品流通、消费者等各方面的信息时，大脑及感官应能及时反应并采取处理措施。应急反应能力强，敏感度高，就能够更好地把握机会。说服能力也是广告设计师应具备的能力，即能够在拟定广告活动计划时，充分表达自己的观点和意见，在广告设计完成后说服客户采纳方案，否则再优秀的设计也有可能不被人认可。另外，设计师本人自信、成熟的人格魅力和仪表着装也是很重要的，它是构成设计师说服力的一个组成部分。

### （四）团队精神与社会责任感

广告活动必须通过组织的力量，以集体创作的方式完成。现代广告设计必须调动多方面的智慧和力量，以群体创作的方式完成。因此，参与设计制作的人员必须有良好的团队精神，善于与人合作，善于沟通。良好的人际关系可以让自己的信息保持畅通，是帮助设计师充分发挥才能的基础，而真诚是最好的人际沟通条件。强烈的社会责任感也是推动作品成功的情感动力，同时也是使作品产生感染力的源泉之一。

### （五）信任度与成本意识

广告设计师应关心企业的安危，保护企业的商业秘密，关心企业的决策；还要有成本意识，具备一定的规划能力、管理能力、执行能力、决策能力、提出和解决问题的能力。成本意识是指节约成本与控制成本的观念，可以有效地将成本控制在一定范围内，从而达到企业或个人的利益最大化。

## 二、广告机构结构

虽然新潮广告机构层出不穷，但是传统的一体化服务机构仍然是一些最佳创意广告的创作方。一般来说，这些机构大多是由5个左右的重要部门或者板块构成的（如图1-26、1-27）。

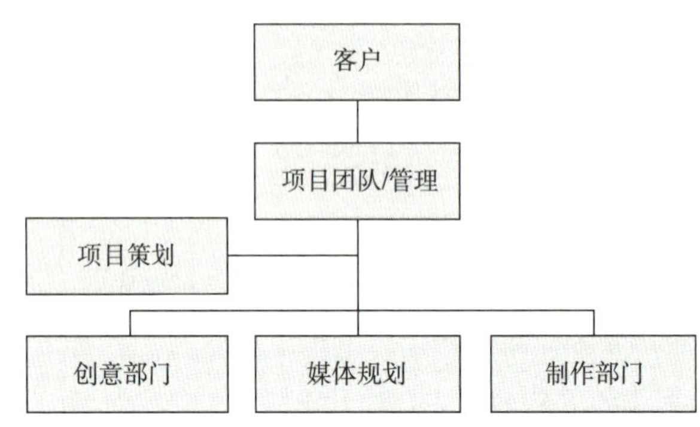


图 1-26　广告机构结构

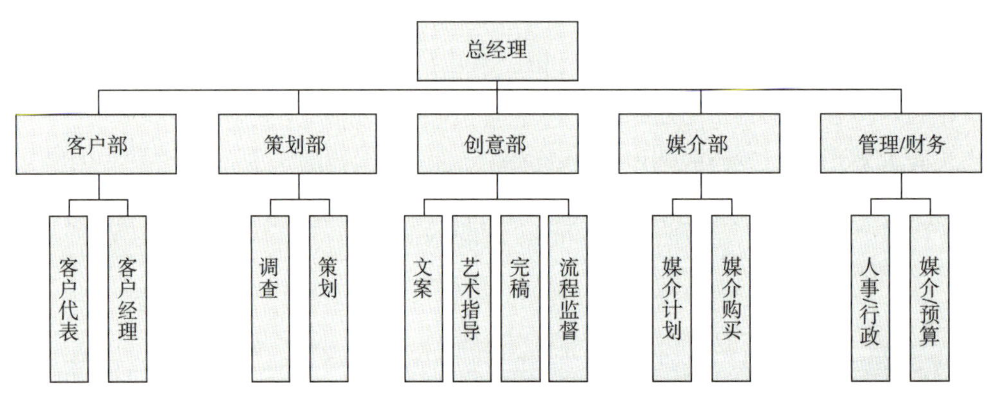


图 1-27　广告公司资源集中管理模式

### （一）项目管理

项目执行及项目管理、总监会定期在广告机构和客户之间扮演联络人的角色。一旦广告商与客户就战略方案以及营销指导意见达成一致，项目团队就会开始发挥监督与管理的作用。随后，项目团队会以项目为单位，管理不同的广告活动，与创意、媒体和创意服务部门中的个人或者是团队进行联络。项目团队还需负责维护现有业务，开拓新的业务，组织每一次的推广活动（新的业务推介）。

### （二）项目策划

规划团队首先需要对消费者或者是客户的档案以及他们和品牌的潜在关系有清晰的了解。清楚客户的发展前景、习惯、需求以及购买行为，对于策划一个强有力的项目是至关重要的。在这个过程中，相关人员需要使用不同形式的定性研究方法调查市场，包括焦点小组和访谈等。规划人员和创意团队在开发创意简案的过程中会密切配合。

### （三）创意部门

创意部门在创意总监的指导下以两人一个小组的形式合作，而创意总监的职责则是掌握一家广告机构的创意产品。项目团队会首先制作出一份创意简报提交给创意团队，而创意团队的工作就是从简报中的广告理念和想法上进行原创处理。从传统意义上来说，团队是由一名艺术总监和一名文案人员构成的。但是在具体的工作进程当中，两者之间分工非常模糊——广告最终标题可能是创意总监构思出来的，而视觉效果可能是文案人员所做的。一旦客户认可了广告理念，创意团队就需要在项目过程中自始至终地贯彻这个理念，直到理念最终执行完成。

### （四）媒体规划

在广告领域，媒体专家会规划出最为高效、最为讲究成本效益的方式，将广告概念传递给目标受众。这些专家会使用自己的方式发挥自己的创意才能——他们会制造新颖而又激情洋溢的机会来揭示广告的信息。另外，媒体专家还需要通过洽谈在不同媒体上拿下最佳的广告时点（也就是广告播放最好的时段）、最好的广告置放地点以及最有优势的报价，这一点也至关重要。他们每天都需要和报纸、杂志以及电视等媒体打交道，从而保证最终达成的交易能够最大限度地维护广告商的利益。

### （五）制作部门

一旦某一个创意理念得到了认可，制作团队就需要将这个想法转化为现实，采取所需要的任何一种形式。制作部门需要和艺术总监紧密合作，从而确定自己的诠释方式是正确的，以及整个广告活动和最终设定之间没有任何出入。通常情况下，制作经理会使用公司外部的资源（例如电视制作公司与海报印刷专业公司等），而他们所发挥的关键作用之一，就是以一个合适的价格，找到一家合适的公司来完成需要完成的工作。这可能意味着，他们需要与客户方的购买团队合作，因为这种团队手中持有一份供应商名单，名单上的供应商都是他们需要与之合作的。

技术的飞速发展让整个广告行业出现了日新月异的变化。在这个行业，唯一不变的只有两点，一是对于创意的需求，二是对于那些能够以开拓创新的方式思考的个体的需求。

## 三、广告设计相关岗位

### （一）创意总监

创意总监严格来讲并不隶属于创作部，在影视广告公司中他是一个副总经理级别的人物，是创作工作的最高领导人。创意总监具有极其丰富的创作经验，具有很强的创造才能，精通广告业务。他还具有非凡的鉴别能力、卓越的组织才能和鼓动人心的力量，善于启发和引领全公司的创作人员投入创作中去。他一般不从事具体的创意工作，当创作部为某个创意的优劣高下争执不下时，他有最后的裁决权。创意总监主持和领导公司的创作工作，负责重要客户的提案工作，参加公司与重要客户的谈判，并与公司最高管理层一起讨论、决定公司未来的发展方向。

### （二）文案人员

文案是创作队伍的最基本的成员，负责创意的发想、完善，并把创意的思路或结果最终整理出来，诉诸文字。文案人员要有良好的形象思维能力、很强的文字表达能力，具备编故事的天赋，能熟练运用视听语言，在创意过程中起到先锋队的作用。

（三）美术人员

美术人员常常被称为美术指导，是创作小组中另一位基本成员，要与文案一起进行创意的发想，但更侧重于创意视觉化的工作，最终要把广告创意用故事板的形式画出来。美术人员必须具备创造性的形象思维能力、扎实的美术功底、极强的画面表达能力。

（四）创作指导

创作指导是每个创意小组的负责人，在规模不大的公司也称为创作总监或者创意总监，负责指导文案和美术的创作工作，善于发现问题并能及时提出具体的改进意见，随时把握创作的方向和进度。

## 第七节　广告设计前的作业

### 一、合理地提出问题

（一）关于目标

通常广告主投放广告的情形有：年度整体促销方案出炉；实效促销的措施更新；新品上市或进入新的市场；解除客户对品牌或产品的疑问；应对竞争对手的直接挑战；品牌形象移位；上市公司与大众的沟通；销售额急速下滑、产品出现质量问题、品牌公众形象受损等危机处理。

（二）关于资源

关于资源的问题通常有：广告主打算投入多少广告经费？竞争对手的广告投入了多少经费？这个品牌在行业内排名第几？这个品牌存在了多少年？这个品牌的产品有非常相似的替代品吗？

（三）关于策略

关于策略的问题通常有：我们的广告首要针对哪些人群？产品或服务究竟解决他们什么问题？这个问题对他们真的很重要吗？问题解决的价值在哪里？为什么要现在解决？已经有多少人成功地享受了问题解决的成果？影响他们购买决策的人是谁？他们的偶像是谁？

（四）关于创意执行

关于创意执行的问题通常有：这个品牌曾经做过什么广告？这些广告是否形成特定的风格？当消费者提及这个品牌时，他们有什么样的联想？在这个品牌所属的行业内，其他竞争品牌的广告有什么传播力？设计师如何选择广告的代言人或吉祥物？代言人或吉祥物的内涵与品牌一致吗？代言人或吉祥物的演绎可以涵盖整个年度的广告吗？

### 二、有效的资料准备

用解决问题的方式去收集资料，资料就会成为最为重要的工具，否则容易被大量的资料所迷惑。

（一）创意简报

所谓创意简报，就是广告公司内部由策划部向设计部传送有关创意执行的简报。创意简报包括目标消费群定位、广告主题、广告风格、创意发展方向及设计项目清单等内容。设计师通常可以根据创意简报开始构思（见表1–1）。

表 1-1　智威汤逊广告公司的创意简报样本

| 客户： | 品牌： |
|---|---|
| 1. 广告必须面对的机会或问题是什么？ | |
| 2. 广告发布之后我们要让消费者做什么？ | |
| 3. 我们要对谁传播？ | |
| 4. 从广告中我们想得到什么反应？ | |
| 5. 什么信息特征有助于产生这种反应？ | |
| 6. 广告应表达品牌个性中的哪些方面？ | |
| 7. 有媒介或预算的考虑吗？ | |
| 8. 广告还有其他地方的帮助吗？ | |
| 书写： | 日期： |
| 批准： | 日期： |

### （二）设计师的资料收集与整理

广告设计师在接到一个中小型企业的广告设计业务时，首先必须做好以下资料准备：

① 浏览最近一段时间当地主流报纸、电视、杂志或网络等媒介上同类产品品牌的广告。通过浏览报纸等媒体广告，广告设计师主要得到以下的信息：同类产品品牌的广告诉求是什么；同类产品品牌的广告表现手法主要是什么；同类产品品牌给自己留下最深印象的广告是哪一则；同类产品品牌中，哪一个投放广告最多。

② 快速了解广告主所属行业的发展趋势。行业发展趋势通常可以在专业杂志、大众媒体的专版、上市公司的年报、行业权威人士的言论、市场调查咨询公司的报告、行业协会的出版物中得到。

③ 与广告主或业务代理人积极沟通。在完成以上任务后，广告设计师应积极寻求与广告主沟通的机会。因为广告主长期从事一个行业，对行规、市场格局的理解程度比广告设计师强。广告设计师必须带着学习的态度，而不是教育广告主的心态，积极地与之沟通。

**实训项目：**经典广告作品赏析。

**项目内容：**学习本章理论知识，根据学习的内容简述国内外平面广告的历史发展经历了哪几个时期，每个时期的特点有什么不同，收集整理国内外平面广告历史发展时期的代表作。

**训练目的：**通过对国内外平面广告历史发展时期的代表作的收集，使学生对国内外平面广告的历史发展有一定的了解。

**训练要求：**分析、讨论国内外平面广告历史发展时期的代表作，在课堂上进行公开交流。

## 延伸阅读与参考资料

1.［美］大卫·奥格威．一个广告人的自白［M］．北京：中信出版社，2015．

2. 王受之．世界平面设计史［M］．北京：中国青年出版社，2018．

3. 张伟. 海上花开：月份牌历史与艺术［M］. 上海：上海大学出版社，2021.
4. 秦臻. 中外广告简史［M］. 重庆：重庆大学出版社，2021.
5. 杨海军. 中外广告史新编［M］. 上海：复旦大学出版社，2009.
6.［美］大卫·奥格威. 奥格威谈广告［M］. 北京：中信出版社，2021.
7. 设计之家［EB/OL］. https：//www.sj33.cn/.

# 2 第二章 广告设计的策略

**教学目标：**通过对广告设计策略的学习，要求学生掌握广告设计市场调查的内容与方法，掌握广告设计策划与推广，理解广告设计的定位，熟悉广告设计的流程。

**教学重点：**理解广告策划与推广的基本方法、广告设计的流程，掌握广告设计市场调查与定位的方法。

**教学难点：**掌握广告设计的定位。

## 第一节 市场调查

在市场宣传活动的规划阶段，做出的所有决策实际上都是基于市场研究而得出的。通过市场研究，无论是客户还是广告机构都能够更好地认识市场，识别和了解目标受众，检验自己的创意想法，选择最为适当的媒体，最终评估广告宣传活动的效果。

一般来说，客户会在客户简报中提供针对目标市场的基本的、初始的研究，而广告机构则会进行进一步的市场研究，作为客户研究的补充。

市场调查是一个广泛的领域，它有各式各样的研究方法。很多客户会自己开展市场研究，对那些和自己的品牌有直接关系的问题进行研究，但是机构也可能会购买外部研究数据。

广告市场调查是广告策划运作的基础步骤。在当今营销模式和广告模式不断出新的背景下，对广告主企业环境、广告产品情况、消费者及消费者需求动向、竞争企业情况、广告媒体环境的资料进行搜集和分析，对确立广告策略来说显得尤其重要。

### 一、市场调查的目的

① 进行广告市场调查，有助于确定产品的市场定位，进而确定产品的定位。

② 进行广告市场调查，有助于广告诉求主张和对象的明确，进而寻求到最合适的广告诉求点。

③ 进行广告市场调查，可以及时了解媒体环境新的变化趋势，寻找到最有效的媒体组合方案。

④ 进行广告市场调查，有助于广告策划方案的正确制定，确定好广告的最佳诉求点，实现与消费者的良好沟通。

## 二、市场调查的作用

市场调查是广告创意的基础。任何一件商品或一项社会服务，都可能成为广告设计人员需要表现的对象，因此设计人员必须有针对性地利用多种渠道，多侧面地认识和了解对象。比如我们在设计广告项目之前，首先要了解该产品的价格、成本、包装、使用情况、产地等信息资料，以及使用者的性别、年龄、文化水平、风俗习惯、经济收入等内容。广告设计人员要针对这些材料进行分析、比较、综合、概括，使其更具体化、形象化，从而确定构思和表现形式，完成最终的广告设计。

市场调查的主要作用体现在以下3个方面：

① 可以为广告经营、策划和设计指明方向。

② 能够及时发现广告实施策略的不足，及时修正和改进不合理的广告计划，对广告设计的效果测定和媒体发布的情况起到监督和检查作用。

③ 有利于相互交流与学习。通过市场调查，可以取长补短，进一步提高设计水平。

## 三、市场调查的内容

市场调查方案的确定要有针对性和科学性。要明确广告的直接目的，就是提高产品、服务质量和知名度，扩大市场占有的份额。要达到这个目的，就要对市场情况做全面的了解，以此作为确定广告实施策略的依据。

### （一）内部环境：广告主

这是针对广告主也就是企业或者服务机构内部的调查，主要集中在对企业或者服务机构的历史、现状、规模、发展目标等情况的信息收集与整理上。调查的目的是充分了解广告主以及其品牌、产品或者服务，使广告策划可以准确定位，并强化诉求的主题。

### （二）外部环境：消费者

对消费者的调查是指了解和分析消费群体的人口统计学特征，诸如年龄、性别、职业、生活方式、地理位置、文化水平、经济收入、消费水平、风俗习惯（对色彩、图形有无禁忌）等方面的因素，并对消费者市场做尽可能的深层细分。即使是同处于一组的目标消费群体，其内部的个体消费者的消费动机也较为复杂，既有生理的需求和自身安全的需要，又有情感的需要和实现自我价值的需要。所以，对消费者进行相关的调研是确保广告策略有效制定和实行的重要前提条件。

### （三）产品或服务

广告的主题主要是针对产品或者服务的信息而来的，有时也可能是品牌或者某种理念，总之就是指广告诉求的主题内容。对产品的状况调查包括：

① 产品的生产情况，包括产品生产的历史、数量、过程、设备、技术力量以及原料的特点或者优势。

② 产品系统，指该产品在相关产品中是主导产品还是从属产品。

③ 产品的外观，包括产品的造型、规格、色彩、包装、材质、工艺特点等，以及消费者对商品包装

款式熟悉和感兴趣的程度。

④ 产品类型，主要可分为消费产品型和生产资料型。

⑤ 产品的特点，主要是指产品功能与同类产品相比有什么突出之处、有什么创新之处，该商品所属的类型、档次（高、中、低）以及给消费者带来的实惠。产品能给消费带来什么样的益处，这些就是广告中的宣传重点。

⑥ 产品的生命周期。产品的生命周期分为4个阶段，即引入期、成长期、成熟期和衰退期。处于不同生命周期的产品，所采用的广告宣传手段也应有所不同，这样才能更适应市场的变化。在对产品或服务进行调查的同时，也要密切关注同类产品的市场状况，包括它们的竞争情况、广告类型与效果、广告投放的力度与市场的反馈情况等。

#### （四）媒体与媒体环境

成熟广告的策划团队应熟知各种媒体的优势与劣势。要想取得良好的广告传播的效果，广告策划者就需要对各种媒体进行合理、有效的组合。媒体环境的调查主要是指对目标消费群体所喜闻乐见的一种或几种媒体的投放时间和地点做出效果排查，并对覆盖率做出考量，在对不同媒体的成本和投放效果等方面做出评析之后，再进行优势整合。

#### （五）其他方面情况调查

① 客户对于广告表现形式的设想和要求，即采用哪种表现风格能够区别于竞争对手（如手绘、摄影、电脑特技等）。

② 在设计定位上，是突出消费者、商品，还是商标，抑或是两者结合/三者兼顾。

③ 画面的气氛怎样处理才能有助于突出商品（活泼的，还是严肃的；怀旧的，还是现代感强的）。

经过调查了解，我们要把这些信息去粗取精，选取有价值的部分，写出调查报告，并以此为依据，制定广告设计实施策略。

### 四、市场调查的方法

#### （一）现场观察法

这是市场调查研究中最基本的一种方法，也被称作实地调研法，是由市场调查工作人员对被调查对象，以视觉或者听觉的方式进行现场直接观察的方法。例如研究人员假扮成消费者，对自己接受的服务进行评估；通过电子检查设备或者是调研来追踪消费者的购买行为。

#### （二）实验法

由调查人员根据调查的要求，以小规模实验的方式，对产品的功效、消费者生理和心理感受等情况进行的试销、试用情况的调查。

#### （三）访谈法

这种调查方式主要分为结构式访谈、无结构式访谈和集体访谈。

结构式访谈是指按照事先设计好的问卷内容和顺序展开访谈活动的形式，这样可以做到有的放矢。市场调查工作人员根据事先设计好的访谈提纲来进行访谈，不得随意更改内容和先后次序，并且以提问的方式贯穿整个访谈过程。需要注意的是，访谈者提问的语气和态度也要尽量保持客观，这样可以避免对消费者形成心理上的误导。

无结构式访谈指没有事先设计好问卷，而是由市场调查工作人员与被访问者进行自由交谈。

集体访问是通过座谈会的方式听取消费者的想法、意见和建议的访谈方式，主要有专家集体访谈和消费者集体访谈两种形式。

（四）问卷法

问卷调查是一种数据收集手段，首先需要设计出一份科学客观的调查问卷，然后发放给消费者来填写该份问卷，最后将问卷中所传递的信息进行整合。其属于市场调查中最为常见的一种方法。

（五）抽样调查法

这是一种非全面性调查。它是从全部调查对象中抽选一部分单体进行调查，并据此对全部调查研究对象做出评估和推断的一种调查方法。

## 第二节 广告的策划与推广

### 一、广告策划

广告策划就是对于提出广告决策、实施广告决策、检验广告决策全过程做预先的考虑与设想，是对广告的整体战略与策略的运筹规划。广告策划不是具体的广告业务，而是广告决策的形成过程。

#### （一）广告策划的定义

策划是通过周密的市场调查和系统的分析，利用已经掌握的知识（情报或资料）和手段，科学、合理、有效地布局营销，并预先推知和判断市场态势与消费群体的需求，以及未知状况的结果。策划的概念有5个要素：策划者、策划依据、策划方法、策划对象和策划效果的测定与评估。

广告策划是现代商品经济的必然产物，是广告活动科学化、规范化的标志之一。美国最早实行广告策划制度，随后许多商品经济发达的国家都建立了以策划为主体、以创意为中心的广告计划管理体制。1986年，中国广告界首次提出广告策划的概念。这是自1979年恢复广告业之后对广告理论一次观念上的冲击，迫使人们重新认识广告工作的性质及作用。广告工作开始走上向客户提供全面服务的新阶段。

所谓广告策划，是根据广告主的营销计划和广告目标，在市场调查的基础上，制定出一个与市场情况、产品状态、消费群体相适应的经济有效的广告计划方案，并加以评估、实施和检验，从而为广告主的整体经营提供良好服务的活动。

广告策划可分为2种：一种是单独性的，即为一个或几个单一性的广告活动进行策划，也称单项广告活动策划。另一种是系统性的，即为企业在某一时期的总体广告活动策划，也称总体广告策划。

一个较完整的广告策划主要包括5个方面的内容：市场调查的结果、广告的定位、创意制作、广告媒介安排、效果测定安排。广告策划工作使广告准确、独特、及时、有效地传播，以刺激需要、诱导消费、促进销售、开拓市场。

#### （二）广告策划的特征

① 明确的目的性。广告活动的广告目标、广告媒体、广告作品、广告宣传的时间和活动地点等必须明确。

② 严谨的科学性。综合运用经济学、美学、新闻学、心理学、市场调查、统计学、文学等学科的研究成果。

③ 完整的系统性。广告策划从调研开始，根据目标市场的特点确定广告目标。在制定广告活动具体策略时，要以整体广告目标为出发点，各环节相互衔接、密切配合。

### （三）广告策划的类型

广告按照其发起目的，可以分为营利性广告（商业广告）和非营利性广告两种类型。广告公司承接的广告策划业务以商业广告策划为主，具体分为：

① 广告运动策划和广告活动策划。

② 为不同目的而进行的广告运动（活动）及其策划。

③ 针对不同对象的广告运动（活动）及其策划。

## 二、广告推广

广告推广是新闻媒介为推销广告版面和广告节目时间而进行的活动。广告推广的具体方法有：利用自身媒介进行宣传、借助其他媒介宣传、寄送各种宣传材料、登门拜访主要广告客户、举办与广告客户联络感情的联谊活动等。广告推广的宣传内容一般是通过列举一些具体事例，强调本媒介所刊播的广告的效力，还有从多种角度来说明本媒介广告刊播费用是最优惠、最公道的。这项工作通常由广告部门或推广部门负责。

广告推广是营销计划中非常重要的步骤，广告推广效果的好坏甚至影响到整个营销计划的成功与否。一个好的广告背后，需要经历从广告概念挖掘、故事板测试、广告投放前测、广告效果测试等多个不同阶段的努力。

任何一种产品在市场上都将经历引入、成长、成熟、衰退四个阶段，俗称产品生命周期。

① 引入期的市场特点和广告推广情况如下：

市场特点：这个时期产品知名度和普及率低、销量低，销售增长速度慢，但市场竞争者也不多。

广告推广：创造知名度，并促使消费者尝试使用；同时还应该引发通路的兴趣，有选择性地建立初步的通路网络。

② 成长期的市场特点和广告推广情况如下：

市场特点：销售快速增长；利润也相应上升；市场上已经有一定的产品知名度，同时竞争对手不断进入。

广告推广：最大限度地抢占市场，谁在这个时期抢占了更多的市场，谁就更有可能在今后取得更大的胜利。

③ 成熟期的市场特点和广告推广情况如下：

市场特点：销售达到高峰，进入利润最高期；竞争对手数量减少并趋于稳定，消费群庞大而且稳定。

广告推广：强调品牌的差异性，树立品牌地位，调整市场结构，尽快将产品导入那些需求相对滞后的市场。

④ 衰退期的市场特点和广告推广情况如下：

市场特点：销售锐减、利润下降；竞争对手也一个个逐步消失。

广告推广：这个时期在现有产品市场上的主要任务是稳定部分忠实消费者，而对于那些消费需求较为滞后的市场投入力度要加大，本地投入基本保证即可。

## 第三节　广告设计定位

### 一、定位理论的产生及创新

广告定位是针对企业产品与消费者的创造性活动，是指在一定市场目标下所采取的一种广告策略。在产品销售中，企业根据市场细分确定目标消费群，并选择其中一个或几个目标进行广告调查、确立广告主题、选定广告媒体、编写广告文案、实施广告行为，让产品广告在消费者心中占据合适的位置并最终引导消费行为。

大卫·奥格威认为：唯有正确的定位，才是有效销售的最重要步骤。因此，广告定位对广告设计的成败起决定作用，广告定位的正确与否将直接影响整个策划的最终成败，是最能体现策划者的策划水平和策划能力的关键环节。谁能挖掘到消费者的潜在需求，确定恰当的定位，谁就能在竞争激烈的营销市场中取胜。

定位理论是20世纪70年代由艾·里斯和杰克·特劳特提出的，他们认为，广告已进入一个以定位为主的时代，定位的目的是在消费者中创造一个位置，唯有如此，才能在市场上赢得先机。

### 二、广告设计产品定位

广告定位策略是通过突出产品符合消费者心理需求的鲜明特点，把最能代表该产品的特点、价值、功效、性格、品质、内涵、服务等作为宣传的形象定位，通过突出自身优势，树立品牌独特而鲜明的形象，来赢得市场并促进企业的发展。

产品定位瞄准产品的某种价值或意义，在广告活动中突出表现产品符合消费者心理需求的、鲜明的特征，确立产品在市场竞争中的方向和位置，最终促进消费者的购买行动。产品定位的目的在于切实满足目标消费者的潜在需求，树立良好的品牌形象，进而促进产品或者服务的销售。产品定位是广告诉求的基础。

#### （一）功效定位

功效定位是在广告中突出商品的特异功效，使该商品在同类产品中有明显区别，以增强选择性需求。它是以同类产品的定位基准、选择有别于同类产品的优异性能为宣传重点的。

#### （二）品质定位

品质定位是通过强调产品具体的良好品质而对产品进行定位，突出其品质和所带来的更大利益。

#### （三）市场定位

市场定位的实质在于按照某一标准将消费者市场细分为不同类型的消费群体，其客观基础是消费者需求的异质性。消费者需求的绝对差异造成了市场细分的必要性，消费需求的相对同质性则使市场细分有了实现的可能性。在商品市场上，每一个企业都根据消费者的需要和企业自身的经营条件，将市场细分为许多小单位，通过细分市场，采取有针对性的广告宣传手段，使广告产生有效的影响力。

### （四）价格定位

如商品的品质、性能、造型等方面与同类商品相近似，没有什么特殊的地方可以吸引消费者，在这种情况下，广告宣传便可以运用价格策略吸引消费者，使商品的价格具有竞争性，从而击败竞争对手。价格定位主要说明商品价格的合理性和与同类商品的可比性，以激起消费者的优先采购欲。

### （五）重新定位

重新定位则从观念上把商品加以区分来作为自己创作空间的定位策略。

### （六）色彩定位

广告中的商品色彩定位，主要是在广告宣传中表现商品的美感，使消费者从产品的色彩上感受到商品的特点和时尚潮流。色彩具有象征功能，它可以使商品具有区别性，传达商品理念；也可以刺激人的情绪，激起消费者的欲望。企业要注意保护商品的形象色，广告要准确地运用商品形象色，从而提高向消费者传递信息的能力。

### （七）观念定位

观念定位是在广告中突出品牌、产品的意义和价值取向，诱导消费者建立对品牌或产品的认可和信任，引导市场消费的变化或发展趋向。这种观念定位使广告可以从更高层面上引导消费者的思想、理念、情感和观念。

### （八）品牌定位

当前的市场竞争已经进入同质化阶段，同质不同类的产品之间的竞争变得越来越激烈，也越来越微妙，产品间的质量差异化难以通过简单的方式加以识别，公众的兴趣差别优势也不是那么明显。品牌是企业的无形资产，因此，存在于企业之间竞争的核心就放在了品牌的竞争上。

# 第四节 广告媒体与策划

广告媒体策划是指在广告发布之前所做的针对不同媒体受众的特征，选择出最有利于广告发布和品牌、产品或服务宣传的组合计划。影响广告媒体策划的主要因素有传播对象、商品特征、媒体特征、信息特征、广告预算等。

随着新技术的不断出现和媒体环境的快速变化，不同媒体在传播广告时所能达到的覆盖面、到达率、暴露频率和连续性都各有不同。广告媒体策划需要更新颖、有效的策划方法来适应当今的广告市场。

## 一、广告媒体调查

① 了解不用媒体的特征（性质、特点、地位、作用、价格）。

② 分析各媒体受众的数量、质量以及人口统计学特征。

③ 分析目标消费群体对各类媒体的态度、他们的媒体偏好以及使用习惯。

④ 了解各媒体的广告成本并进行媒体整合后的成本预算。

## 二、选择媒体的依据标准

① 所选择媒体的制作成本与发行成本。

② 在所选择媒体上发布广告的信息传播有效性。

③ 所选择媒体能将信息传达到的目标市场的数量和质量。

## 三、媒体方案评估

① 优势评估：应从经济效益和社会效益两方面进行全面权衡。

② 劣势评估：充分评估媒体方案实施后是否有不良影响。

③ 实施条件评估：媒体公司的实力、信息传播水平以及广告客户与媒体的关系。

## 四、媒体组合要点

① 如何制定合理的媒体策略来更充分地利用互动媒体。

② 如何以合理的媒体组合来争取到更多的消费者。

③ 如何有效评估媒体组合的作用，了解和掌握广告信息是否可以有效传达给目标消费者。

④ 媒体组合的成本计算。

⑤ 随着传播技术和互联网的发展，媒体组合战略的制定需要更多的创新与创意。

## 五、组织发布

① 与广告主签订媒体费用支付合同。

② 对所选媒体的版面、时间以及空间进行购买。

③ 广告的正式发布与监督实施。

④ 搜集反馈信息，以便评估广告效果，及时完善媒体方案，为广告整体策划提出修改建议。

## 六、广告策划的执行与评价

广告策划的执行流程为：创意构思—前期设计—客户提案—媒体选择和购买—报价—制作会议—后期制作。

广告策划的评价应从广告活动所牵涉的三个方面入手，对广告策划方案进行评估。

### (一）广告主

对广告主来说，产品销售量增加或者市场份额增长是他们期待看到的结果。但是，这不是广告的目标，而是营销目标。事实上，广告的效果很难准确度量。广告主提出做广告的要求直接促成了广告活动，同时，对于预算和经费的控制权使他们成为可以对好创意说“不”或者对一般的想法点头同意的人。这使得广告主从某种意义上说站在了广告公司的对立面上，也将影响到广告作品或活动的评价标准。

#### 1．广告主的观念

广告主有自身的行为方式、文化背景、个人喜好与习惯，对所拥有的企业有着自己的发展目标和计划，对广告也有着个人的评判标准。但是这个评判标准不一定是符合设计艺术标准的，甚至在许多时候，是以其主观审美标准来判断广告的优劣。

2. 假想的消费者的偏好

广告是广告主与消费者之间进行交流的途径，广告主往往会凭借其长期处于市场一线的地位和经验来假想消费者对广告的反应，以及消费者可能会发生的行为。但是消费者实际会产生的反应和行为是在广告发布之后才出现的，广告主所假想的关于消费者对广告的偏好是由于经济利益，甚至是主观情感的驱使而产生的。

3. 同类产品的广告

对竞争对手各方面的关注势必也会使广告主在许多情况下都会密切注意其他同类产品的广告作品和广告活动。因此，在自身的广告作品或者活动策划和执行的过程中，广告主会与同类产品的广告做比较，并以此来评价和预计广告的效果。

（二）消费者

1. 消费者的社会文化观

广告所产生的效益除了经济效益，还有社会效益。而消费者个人具有的生活阅历、文化教育背景和审美观念导致他们从某种视角对广告做出好或不好的判断。与消费者的社会文化观相协调的广告，他们会认为是好广告；反之，他们认为是不好的广告。

2. 消费者的感性认识

广告首先就是要吸引消费者的视线，进而使他们产生兴趣。这是一个消费者心理层面上的体验过程，也是一个感性认识形成的过程。因此，那些能对消费者有正面的、积极的吸引力并使之产生兴趣的广告，就会被消费者认为是好广告。

（三）广告公司

广告公司作为广告主和消费者之间沟通桥梁的铺设者，担负着艰巨的任务。在制定和遵照广告策划方案的前提下，广告公司一方面要致力于广告的创意设计；另一方面也要花费时间和广告主进行沟通，把他们认为最有利的广告呈现在客户眼前，但是决定权在客户。广告公司认为的好作品不仅具有良好的创意和优秀的视觉表现，更重要的是，好广告确实契合了目标消费者的心理需求。

广告设计者所说的好广告，应该具备以下几个主要特征：准确的定位、独特的创意、完美的情感关系。

## 第五节　广告设计流程

广告公司的业务从接受广告主的委托开始，然后进行广告策划，最后将广告作品传达给目标受众、将广告效果调查数据反馈给广告主，这样广告公司的一次完整的广告运作活动才算完成。整个广告公司的运作需要经过以下基本流程：

### 一、客户委托

这是广告公司业务开始运作的起点，以得到客户的代理委托书为工作目标。广告主需要广告公司对其产品或服务进行代理，达到广告主预期的效果。广告公司首先通过客户服务人员与客户进行接触与沟通，了解客户委托代理的意图和愿望，委托代理的业务内容及其欲达到的目标，并向客户全面推介本公司的服务；然后广告公司调研部开始初步收集相关的市场资料，为具体代理业务活动的开展做好初步准备；最后召开由双方高层管理人员和相关业务人员共同出席的客户说明会，由客户代表正式说明委托代理的业务内容，并详细通过有关客户的基本情况，包括产品、通路和市场状况以及客户的营销状况与营销目的等，完成客户与广告公司高层的深层沟通与交流。

## 二、前期准备

广告公司得到客户的正式代理委托书后，就要确定具体的工作计划，为紧接着的广告策划做好充分的准备。这个阶段的工作主要是召开业务工作会议，对客户委托代理的业务项目进行具体的讨论和分析，确认这项业务推广的重心和难点，检查相关资料的收集是否齐全。如资料不够详备，还需进一步进行市场调研以及结论分析。资料收集详备后确定为开展此次业务的具体工作计划，包括确认该项目的客户联系人与业务负责人，以及具体工作内容与工作进度的安排。

## 三、广告策划

这一阶段的工作为广告公司业务运作的重点，是广告公司代理水平与服务能力的集中体现。其主要工作内容为建立具体的广告目标以及为达成这一目标的策略手段。也就是具体规划如何以最适当的广告信息，在最适当的市场时机，通过最适当的传播途径，送达给最适当的广告受众，最有效地实现预定的广告目标。其重要的工作方式是广告策划会议、广告创意与表现会议。完整的广告策划方案或广告计划书，是这阶段需达成的工作目标，如果广告公司还为广告主代理整合营销传播的其他内容，则同样需要制定详细的执行计划。

## 四、广告提案

提案是指广告策划阶段所形成的广告策划方案或者广告计划书。首先进行广告提案的自我审核与确认，然后让客户对该提案进行审核与确认。因而这一阶段的工作方式为召开公司的提案审核会议，以及对客户的提案报告会。公司的业务审核，由公司的业务审核机构执行，或由公司资深的业务人员组成临时会议，具体负责在正式向客户提交前对该提案的科学性与可执行性进行审核。提案报告会，由公司向客户具体报告已形成的广告方案，并接受客户对该方案的审核和质询，最终获得客户对该方案的认可。

## 五、广告执行

这阶段的工作内容为具体执行获得客户认可的广告策划方案，对此次整个广告活动进行事后评估。广告公司还应以报告会的形式，向客户展示评估报告和业务总结。至此，广告公司的一次完整运作才算完结。当然，随着广告公司在市场中的竞争和发展，广告公司的业务运作都是反复循环运行，并且能够根据特定情况做出相应的修改。

广告设计的具体环节如图2-1所示。

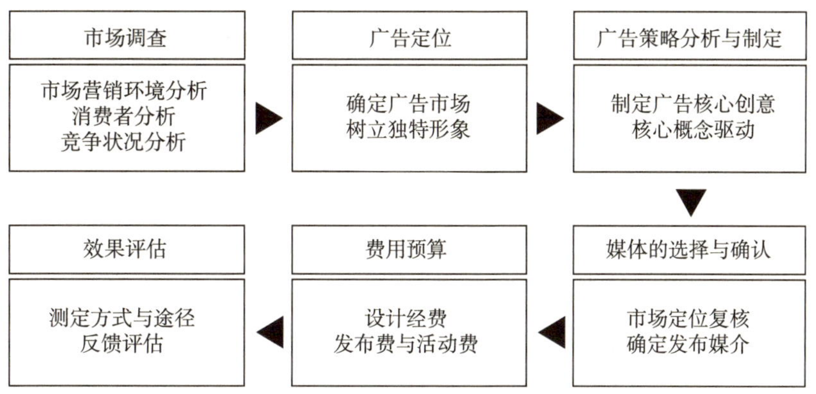

图 2－1　广告设计的具体环节

**实训项目：**制作一份调查问卷。

**项目内容：**比较一下人们对于两种不同的饮料或洗发水品牌的态度。尝试发现哪一种品牌是受访者经常购买的及其原因。发现他们在选择购买这个品牌的过程中，是否会受到广告的影响。拿着这份调查问卷进行前导研究，首先让自己的同学来完成这份问卷。思考一下自己是否获得了需要的所有信息，或者是自己的调查问卷还有哪些地方可以改善，以及是否可以利用其他方法获得相同的信息。

**训练目的：**通过制作调查问卷，开展市场调查，掌握调查问卷设计的方法，掌握市场调查的内容与方法。

**训练要求：**学生以团队的形式选择品牌，制作调查问卷，在课堂上进行前导研究，并讨论调查问卷还有哪些地方可以改善、是否可以利用其他方法获得相同的信息。

## 延伸阅读与参考资料

1. ［英］肯·伯坦肖，尼克·马洪，凯洛琳·巴尔福特．广告设计基础．［M］．北京：中国青年出版社，2013．

2. ［美］乔尔·J. 戴维斯．广告调查：理论与实务［M］．2版．北京：中国人民大学出版社，2016．

3. ［美］艾·里斯，杰克·特劳特．定位［M］．北京：机械工业出版社，2021．

4. 陈莹．广告设计与策划［M］．沈阳：辽宁美术出版社，2017．

5. 张通，曹汝平，彭麦福．广告策划创意和设计［M］．合肥：安徽美术出版社，2017．

# 第三章 广告创意的原则与方法

**教学目标：**通过对广告创意的定义和原则进行简要陈述、对广告创意的思维方法和表现方式进行详细的讲解，要求学生理解广告创意的定义与原则，掌握广告创意的思维方法和表现方式，具备广告创意和表现能力。

**教学重点：**理解广告创意的定义、原则和思维方法。

**教学难点：**掌握广告创意与表现的方法。

## 第一节 广告创意的定义

创意在广告中有相当的地位，人们普遍认为创意是广告核心。广告创意是现代广告活动中的核心环节之一，这一层面完整的表述应为创意活动。

广告创意伴随着广告行业的发展而有着重要的意义与价值。20世纪60年代，大创意（The Big Creative Idea）的概念开始在西方国家广为传播，这是广告领域一次划时代的变革，西方的广告行业自此进入大创意时代。在艺术派广告大师伯恩巴克的影响下，一批天赋异禀、充满进取心和冒险精神的广告人，开始打破以往墨守成规的广告模式，不再视科学方法为广告的唯一标准，主张大胆地想象、新奇地表达，在汲取广告大师前辈经验的基础上，将广告创意之路引向深远。广告行业发展至今，经历着各种广告学说和营销理念的更迭，但创意却始终是不容替代的永恒主题，被广告人所重视并发扬光大。优秀的广告创意所承载的独特气质与魅力，甚至超越了民族、文化的界限，成为全世界共同的精神财富。同样，在信息爆炸、新技术更新、产品同质化严重、物质丰裕的当代消费社会中，创意又不能只是一种哗众取宠、华而不实的噱头，它肩负着不可推卸的商业使命——信息有效传播，为达到广告目的和广告效果负责。因此，广告创意的思想、文化以及商业属性缺一不可，其定义可以总结为：广告创意是针对广告主、品牌、产品、市场及广告受众，创造性地对广告主题、内容、风格和表现形式进行构思与规划，并形成有效的方案和作品的全过程。

从以上定义中可以概括出广告创意的基本特征：

① 创意目标明确；

② 创意主题鲜明；

③ 创意思路新颖独特；

④ 创意内容通俗易懂；

⑤ 创意形象符合视觉规律；

⑥ 创意效果突出。

## 第二节　广告创意的原则

广告创意源于广告人对生活的观察与体验，以及他们广阔的视野和深厚的人文素养。成功的广告创意必须遵循以下基本原则。

### 一、真实性原则

广告的真实性是指广告的内容必须客观、真实、准确地反映产品或服务的有关特征，不能进行误导或欺骗消费者的宣传。任何广告创意都应以真实为前提，真实是广告设计的首要原则，也是决定一个广告品牌能否赢得市场的主要因素。

创造出真实可靠的广告作品，合理引导消费，是广告创意者永恒的追求。广告创意除了追求经济效益外，还包含社会效益。所以我们在追求经济效益时，应具有相应的社会责任感，以诚信和真实赢得受众的信任和支持，绝对不能忽略或违背广告道德。对于违反真实性的广告依法追究其法律责任，是维护广告真实性的最有力的保障。

### 二、独创性原则

所谓独创性原则是指广告创意不能因循守旧、墨守成规，而要勇于标新立异、另辟蹊径。

### 三、简明性原则

广告是一种信息传播活动，其传播渠道的容量是有限的，如果信息过多，超过了容量的上限，就会在渠道中堵塞，大大影响传播的效果。因此，广告创意必须找准诉求点，将广告信息收缩、聚集、提炼，简洁明了地表达出来。创意的第一要点就是必须简洁、明确、明晰，而不是把简单的问题复杂化。一个简洁的创意和艺术处理可以强有力地把意念表现出来。坚持创意的简洁性就是明白“少即是多”的原理。简明性是指广告创意的主题简洁明确，表达清晰有力。广告大师伯恩巴克说：假如你不能把你所要告诉消费者的内容浓缩成单一的目的、单一的主题，你的广告就不具有创意。一个优秀的广告创意视觉表现方法包括3个方面：清晰、简练和构图得当，简单的本质是精练化。广告视觉表现的简洁化处理，意料之外、情理之中是广告创意的目标。例如麦当劳广告《美味的早晨》，以复古的配色、极简的图形，用麦当劳的标志性早餐取代了黎明的色彩，扁平化的食物图形搭配复古的色调，像是活力满满的早晨，习惯了麦当劳平时的极简风，偶尔来个复古风也格外养眼（如图3-1）。

图 3-1 麦当劳广告《美味的早晨》

### 四、实效性原则

广告创意的实效性原则就是广告信息的传达效率，即尽可能用最佳的创意与消费者进行沟通，通过广告活动取得实实在在的效益。一幅优秀的广告最重要的是贴合消费者的心理，站在消费者的立场来理解，在创意性和可理解性之间寻找最佳结合点。因此，实效性体现在广告既达到促销目的，又受到广告主、受众群体等的广泛好评。

## 第三节 广告创意的思维方法

广告创意是广告人员在已经确定广告传播策略的指导下，对商品（品牌）的诉求概念提炼为抽象的物质层面的功能特征或精神层面的价值观，并将之转换为具象的视觉符号，以求达成理想的传播效果的创造性的形象思维活动。

## 一、创意思维

### （一）垂直思维

垂直思维这一概念是由英国心理学家爱德华·德博诺博士在进行管理心理学研究中提出的，也称纵向思维法，是指传统逻辑上的思维方法，它按照一定的思考路线进行思考，即在一定的范围内向上或向下进行纵向思考，按照有顺序的、可预测的、程式化的方法进行思维的一种思维方式。这是一种符合事物发展方向和人类习惯的思维方式，由低到高，由浅入深，自始至终，因而思维脉络清晰明了，合乎逻辑。其特征是顺着一条思路一直往下延伸，直到找到问题的答案，以思维的逻辑性、严密性和深刻性见长。一般而言，此种创意方法逻辑性太强，而且创意主题的主观色彩过于浓厚，这往往使得广告受众难以理解广告创意人员在广告创意作品中所要表现的诉求信息。因为，对广告创意人员而言，其最后的创意元素是经过层层推进的，很有逻辑性，且前后的因果关系也很明确；但是，广告创意最终呈现给广告受众的却只有结论（创意表现元素），这就很难使广告受众能够正确理解广告创意人员所要传递的广告诉求信息。

**案例分析**

广州某广告有限公司海尔品牌小组在2001年12月底受海尔的正式委托，全面策划海尔007系列冰箱的上市方案。在双方的沟通会议上，双方一致同意为007系列冰箱做出科学的产品定位：独有-7℃保鲜技术，其是当时保鲜最精准的中高档冰箱。这样，产品的销售概念已经非常明确，就是新鲜。接下来的问题是用何种形象元素来表现这一概念。创意人员连续几个日夜冥思苦想，跳出来的答案总觉得缺乏个性，没有震撼力。最后，创意人员来了一次垂直思考，很快便找到了创意的表现元素：弹簧。接下来的广告主题“-7℃保鲜，当然弹性十足”和创作表现自然水到渠成。（如图3-2、图3-3）

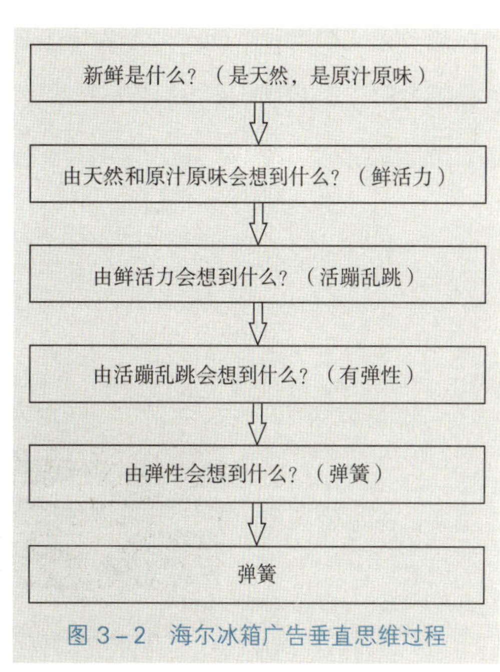


图 3-2 海尔冰箱广告垂直思维过程

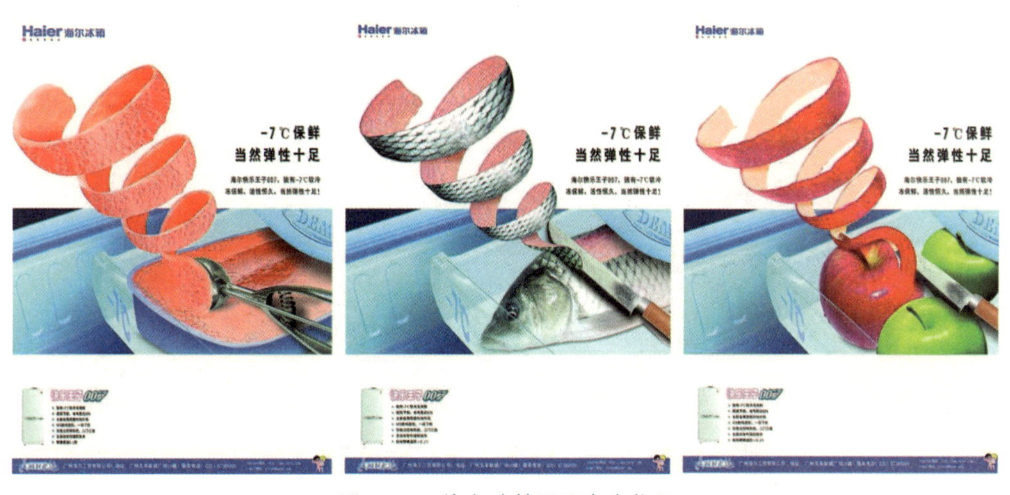


图 3-3 海尔冰箱平面广告作品

### （二）水平思维

水平思维是由英国剑桥大学生态生理学家爱德华·德博诺博士在其著作《水平思考》中首次提出的，其后成为在广泛领域里被普遍应用的科学思维方法。水平型思维方式是指思维主体在条件接近的情况下，对相似事物的发展情况进行比较，从中找出差距，发现问题，然后再提出解决问题的办法的一种思维活动。水平思维方式具有随意、跳跃、非逻辑、不合常规的特点，它弥补了运用垂直思维所容易出现的撞车、震撼性和独创性不足的缺点。广告创意中水平思维有两种方式：第一，转换对象。转换对象就是指考虑产品与其他事物之间的关系，通过其他事物的表现，进而表达产品的创意。第二，转换角度。转换角度就是从不同的角度或者相逆的角度出发，进而突出广告的主题。

**案例分析**

衣服捐赠公益广告不是直接说教式地告知人们捐赠二手衣物，而是转化角度将衣服做成汉堡、冰激凌、寿司等美食造型，让人们重新认识原本废弃的衣物（如图 3-4）。广告表达的主题是“不要让你的旧衣服变成蛾子的食物，让它们给最需要的人带去温暖”。

图 3-4　衣服捐赠公益广告

案例分析

Gas-X缓解腹胀药品广告将白菜、烤鸡等食物与泄气的气球造型相结合进而表达产品的创意（如图3-5）。广告没有直接展示人们腹胀的图片和感受，而是通过其他事物的表现，表达享受美食无须担心腹胀的广告主题。

图 3-5　Gas-X 缓解腹胀药品广告

（三）发散思维

发散思维又称“辐射思维”“放射思维”“多向思维”“扩散思维”或“求异思维”，是指从一个目标出发，沿着各种不同的途径去思考，探究多种答案的思维，与聚合思维相对。在广告主题确定后，可以先对其进行概念意义的拆分，得到若干个子概念，然后再对子概念意义进行各种联想与想象，并以图形的形式展开表现，便于下一步各个想象之间的碰撞、同构与重组，最后得到我们所需的广告创意图形。

案例分析

在广告设计课程中以“酒后不驾车”公益宣传广告设计为题，让全班同学运用发散思维，由“酒后不驾车”联想到饮酒、交通相关元素，如酒杯、酒瓶、开瓶器、瓶盖、车轮、汽车、方向盘、交通指示牌、马路、受伤、死亡、天堂、生命、侥幸、超速、车祸、含笑“酒”泉、“酒”死一生、“酒”经沙场、劝君更饮一杯“酒”等。以文字表述为基本构架，由文字转化为图形，运用图形创意方法在多个图形的关联上加入语言，发展成一个创意雏形，继而提炼出广告创意文字与图形。（如图3-6）

（四）逆向思维

逆向思维又叫反向思维。严格来说，逆向思维属于发散思维的一种特殊形式。逆向思维是从原有思维方式的相反或相对的角度出发，也就是人们常说的反其道而行之。事实上，无论是从事物的表面还是从事物的内在，用反常规的视角来观察和描绘事物本身，在任何时候都会产生好的创意点。

酒后驾车

酒死一生

酒后驾车

含笑酒泉

图 3－6 “请勿酒后驾车”公益广告

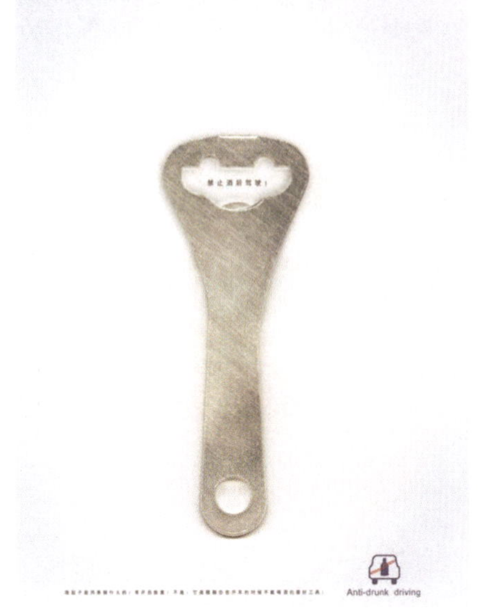

**案例分析**

Bingo去污剂广告将牛仔裤、毛衣与榨汁机同构，刻意用番茄汁、橙子造成污渍，表达Bingo超强的去污功能（如图3–7）。

图 3－7　Bingo 去污剂广告

## 二、创意方法

### （一）思维导图

这种方式由东尼·博赞提出，是以一个关键词语或关键概念为中心，然后以此为起点发散出一系列的相关想法，这些想法的分布方式就像树杈上生出的树枝，树枝又继续生长出树枝一样。此种方法给设计者以更广阔的视野来看待相互关联的主题和想法。其在广告设计过程中的运用是以广告主题核心为中心，将所有关联的元素进行放射性或树状结构发散，找寻其中的关联。(如图3–8)

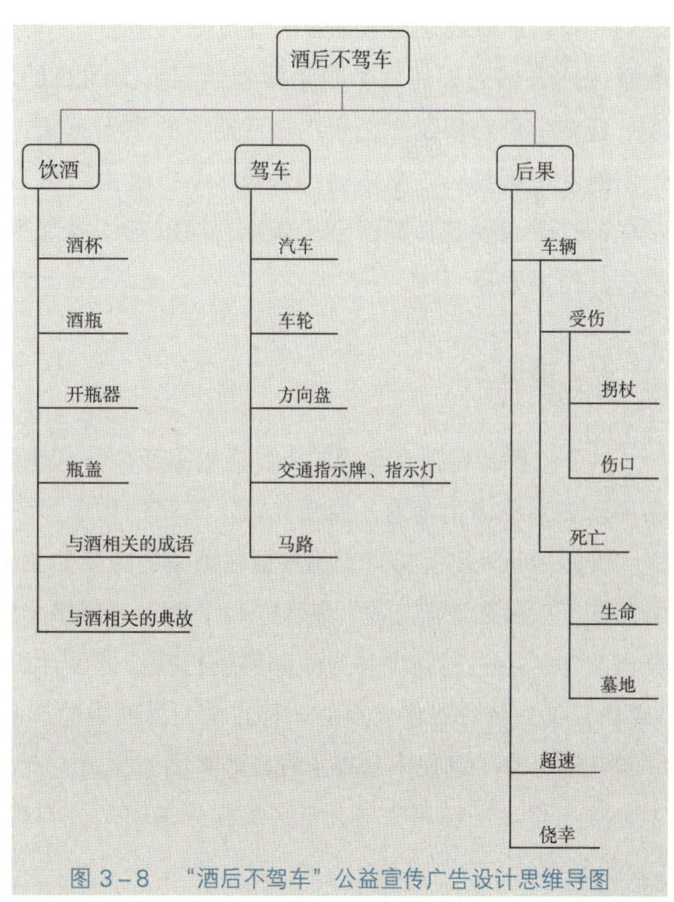


图 3－8　“酒后不驾车”公益宣传广告设计思维导图

### （二）头脑风暴

头脑风暴法是由BBDO广告公司的亚历克斯·奥斯本提出，他首先创建一个问题清单，目的是在已有的基础上得到新的想法，以借助此方法深化自己的想法。其原意为由两人或两人以上聚在一起，针对某条广告的诉求主题进行共同构思创意。

头脑风暴法往往是灵感喷涌的源泉，但必须遵循以下两条原则：一是任何创意均不得受他人干涉；二是所有想法都应记录在案，以备将来参考。这是一个“自由联想”的过程，其目的是让每一个新想法启迪旁人，即自由畅想、延迟批判、禁止批评、以量生质。

头脑风暴的思维原理是利用团体环境刺激广告人的创作灵感，用个人的灵感去刺激他人的思考，而群体的合力又必将刺激诞生出更多灵感，这就远远多于个人的独自思考所能构想出来的创意。头脑风暴的秘诀在于允许不同甚至相反的意见，因为恣意不拘的氛围易于产生原创性想法。（如图3-9）

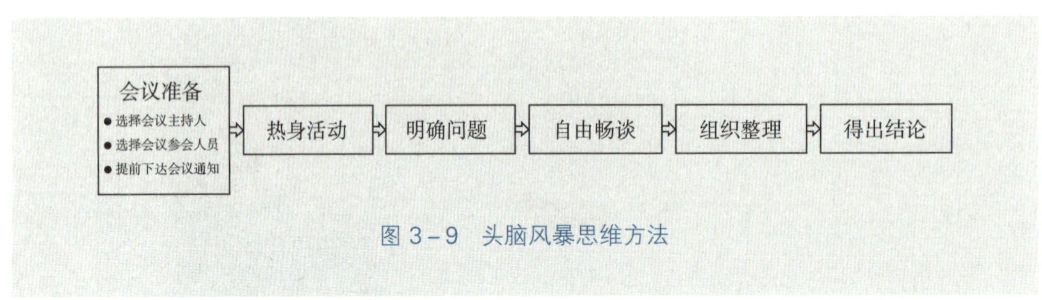


图 3-9 头脑风暴思维方法

## 第四节 广告创意的表现方式

广告创意表现是创意语言的视觉化，是传递广告创意策略的形式整合，即通过传播符号，形象地表述广告信息以达到影响消费者购买行为的目的。我们的广告作品要以何种表现形式展现给受众，这就是创意表现在整个广告活动中的重要意义：广告创意表现是广告活动的中心；决定了广告作用的发挥程度；广告活动的管理水平最终由广告表现综合地体现出来。广告设计的表现手法多种多样，设计者要选择最适合于表达主题创意的表现手法，以利于引起受众的注意和兴趣，从而增强广告的传播效果。

### 一、展示法

这是一种最常见且运用较为广泛的平面广告创意表现方法。该表现手法一般是直接而真实地把商品展示在消费者的面前，给受众留下深刻的印象。它有两种方法：一是直接展示法，二是间接展示法。直接展示法即直接把产品放置在画面的主要位置中展示给受众。尤其适合用来表现商品的外观和特点，可以做到形象直观，使人一目了然。运用展示法设计平面广告作品要注意版式设计，背景衬托突出主体，色彩的处理等方面都要进行精心的设计。间接展示法即在画面中利用附属品等展示产品（事物）某一特征或者特点的一种方法，画面中的产品（事物）所占的位置相对次要，画面主要表现一种意境。对于那些不易直接表现的事物、主题或产品，都可以采用该表现手法。例如乐高创意广告中直接用乐高产品拼搭与儿童形象构成消防员、宇航员、乐手的形象，以表达创造未来的广告主题（如图3-10）。

图 3－10　乐高创意广告

## 二、联想法

联想是指由一个事物联想到另一个事物，或将一事物的某一点与另一事物的相似点或相反点自然地联系起来的一种思维过程，包括相似联想、相关联想、相反联想、因果联想等多种形式。在广告设计中，联想不进行直接表现，而是注重意向的表达，通过艺术化的视觉形象来传达某种特定的意念。例如罗伊城堡肺癌基金会反吸烟公益广告中由病床与香烟在造型上相似进行联想，表现吸烟与人们身体健康之间的联系（如图3-11）。

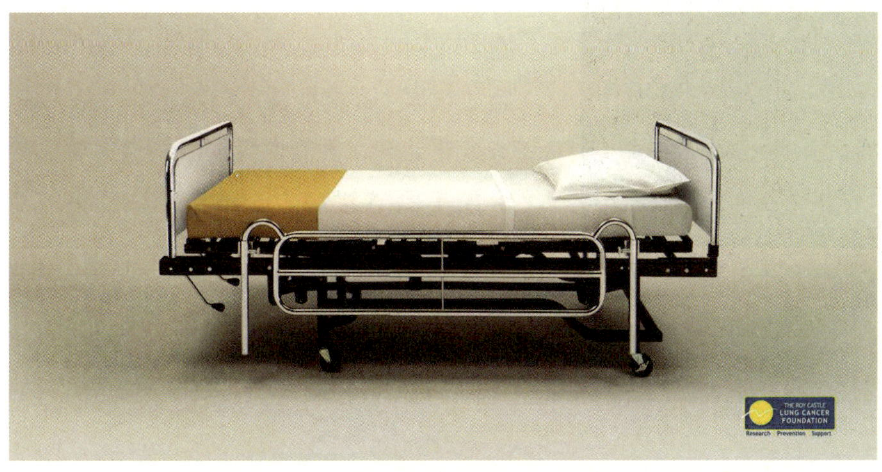

图 3-11　罗伊城堡肺癌基金会反吸烟公益广告

图 3－12　Simple　Green 简绿烧烤清洁剂广告

## 三、比喻法

比喻法是指在设计过程中选择在本质上各不相同而在某些方面又有些相似性的事物，以此物喻彼物。作比喻的称喻体，被比喻的称本体。一般来说，喻体的形象与本体的某一特征应有相似之处，该比喻才能成立。广告运用比喻的手法，可以生动而通俗地传达主题信息，取得良好的艺术效果。比喻要确切、恰到好处，不可使人产生误解，因此要运用人们常见的事物来进行比喻，这样容易引起人们的兴趣，被人们理解和接受。例如Simple Green简绿烧烤清洁剂广告通过用清洁剂产生的泡沫构成猩猩、牛、熊等凶猛的形象以比喻其强大的清洁效果（如图3–12）。

## 四、对比法

对比法是一种趋向于对立冲突的艺术美中最突出的表现手法，它把性质不同的要素放在一起相互比较，突出诉求点。在广告设计的对比法中，有的是将本产品与另一类产品作比较，有的是将产品使用前和使用后作比较，还有的是将同一物体的不同形态进行对比。例如IKEA宜家平面广告通过人们日常生活用品的对比体现宜家产品的物美价廉（如图3–13）。

## 五、拟人法

拟人法是指将所要表现的对象（如动物、植物、商品等）赋予人格，即将人以外有生命甚至无生命的物体进行人格化表现，使之具有人的某些特性，用以表达广告主题，以引起消费者注意，从而达到广告传播的目的。设计师应根据主题需要按人们熟悉的性格、表情、动作去进行拟人化处理，同时注意形象的通俗性、愉悦性和审美性。例如美的节能灯广告语是“如此好吃懒做，赶紧换掉吧”，平面广告中将白炽灯绘制成一个大腹便便的懒人形象，通过运用拟人的手法表达传统的白炽灯泡耗电的产品缺点，体现美的节能灯省电的卖点（如图3–14）。

## 六、幽默法

在广告设计中使用幽默的表现手法，可以通过富有创

图 3－13　IKEA 宜家平面广告

图 3－14　美的节能灯广告

意的巧妙组合和喜剧性的矛盾冲突，获得意料之外而又情理之中的表现效果。该手法可以增加画面的趣味性，使受众在笑意中接受广告所传达的信息。例如麦当劳的麦旋风广告中，T恤上印的雪糕和冰激凌用悲伤的眼神看着麦旋风系列产品，以幽默的手法体现了其他一切雪糕和冰激凌在麦旋风产品前的自愧不如（如图3-15）。

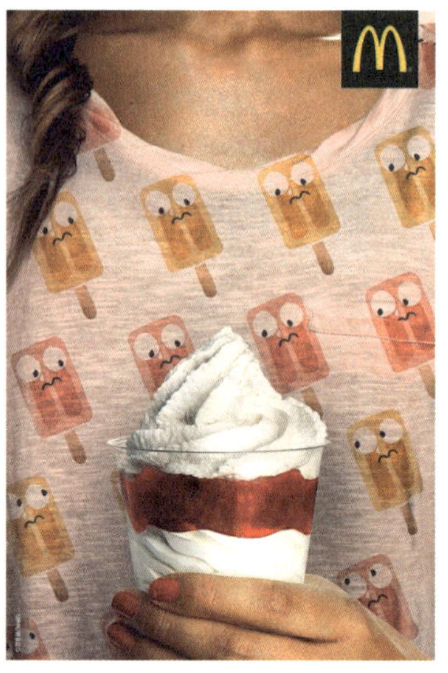

图 3-15　麦当劳创意广告设计

## 七、情感法

在广告设计中最有直接作用的艺术感染因素就是情感因素了，主要运用人的情感来打动受众的心，即从人的角度出发，创造一种与产品或主题相和谐的意境，使受众在不知不觉中接受这种产品或观念。情感是人类最能引起共鸣的一种心理感受，在广告创意表现中，通常使用亲情、爱情、友情等多种情感表现方法进行广告创意。例如Bratislava动物园广告让动物给人们带来快乐，画面营造了人与动物的和谐相处氛围，表达了微笑的主题（如图3-16）。

图 3-16　Bratislava 动物园创意广告

## 八、夸张法

夸张法是以现实生活为依据，对广告对象的品质或特性的某个方面加以强调和扩大，用以加深受众对这些特征的认识。夸张的表现形式可以是整体夸张、局部夸张、透视夸张等。此外，夸张要注意整体关系，不能因局部的夸张而破坏画面的整体性、协调性。例如DTS Headphone X多声道耳机广告采用夸张的创意手法体现多声道的产品特点（如图3-17）。再如奔驰B250运动版汽车广告也采用了夸张的表现手法体现产品风驰电掣的速度感（如图3-18）。

图 3－17 DTS Headphone X 多声道耳机平面广告

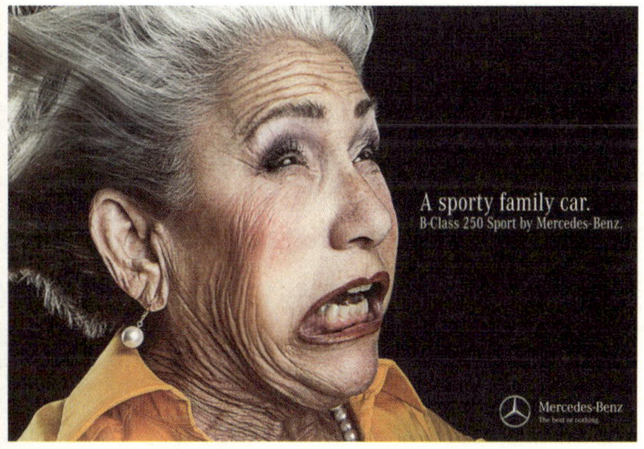


图 3－18 奔驰 B250 运动版汽车广告

## 九、置换法

广告设计中所谓置换法，主要是通过替换的方法，将广告元素的一部分进行更换，打破人们正常的思维习惯和视觉记忆，从而产生新奇感。例如Weltenburger Kloster啤酒在广告中采用置换法将贝多芬、哥伦布、哥白尼的胡子置换为啤酒的泡沫（如图3–19、图3–20、图3–21）。

图 3－19　Weltenburger Kloster 啤酒广告·贝多芬篇

图 3－20　Weltenburger Kloster 啤酒广告·哥伦布篇

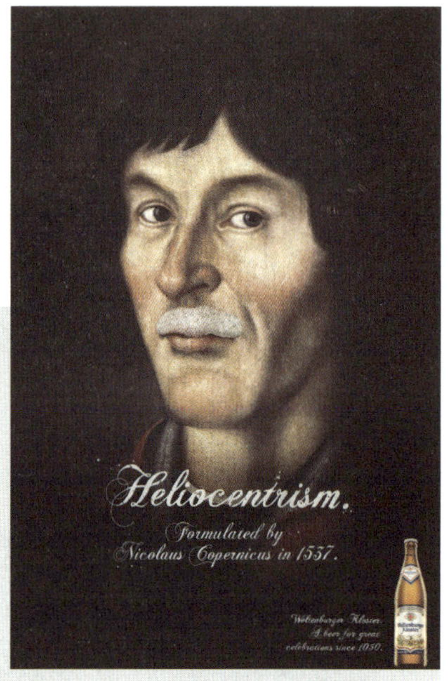


图 3－21　Weltenburger Kloster 啤酒广告·哥白尼篇

## 十、名作法

这种表现形式是利用著名的艺术作品，包括绘画、雕塑等，加以局部变异或置换，使之服务于广告的需要。由于这些艺术作品已经在人们的脑海中留下深刻的印象，加之局部的变异和置换又能进一步引起受众的注意，因此利用名作的影响力来宣传广告商品很容易取得成功。采用此种创意方式时一定要注意所选名作的版权问题。著作权的保护期限为50年，即创作者死亡后第50年，其作品才进入公共领域。这也是我们经常会看到文艺复兴时期的名作被广泛运用在广告设计作品中的原因。例如乌克兰政府发布了由LOOMA制作的一系列防疫广告，将保持社交距离、消毒及洗手等防疫措施融合到多幅古典艺术名画中，名画变身防疫广告的创意令人耳目一新（如图3–22至图3–30）。

USE HAND SANITIZER
Use sanitizers to keep your hands and personal accessories clean.
Ministry of Culture and Information Policy of Ukraine
#ArtOfQuarantine
#FlattenTheCurve

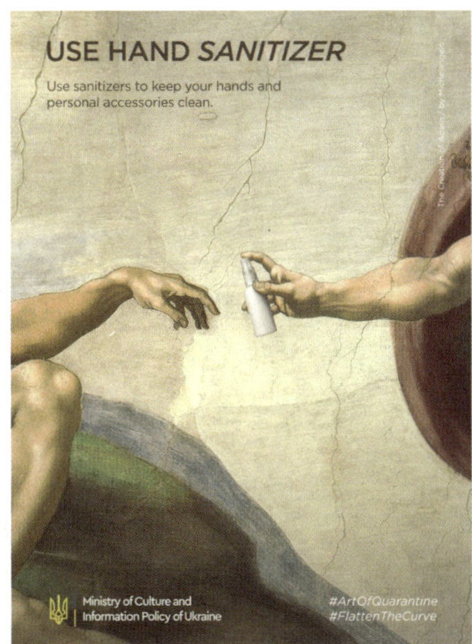

图3－22　别忘了给手部消毒

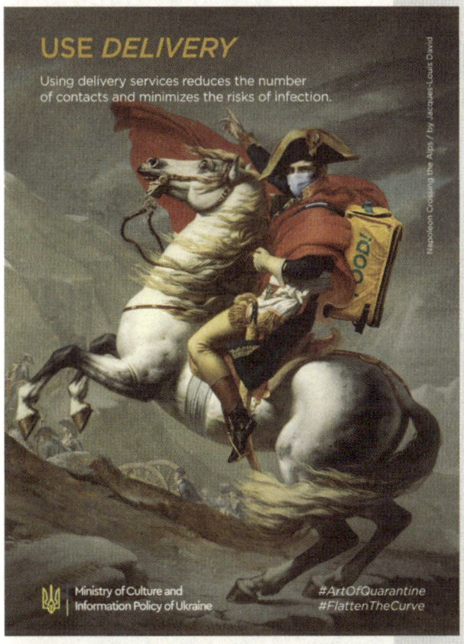
USE DELIVERY
Using delivery services reduces the number of contacts and minimizes the risks of infection.
Napoleon Crossing the Alps / by Jacques-Louis David
Ministry of Culture and Information Policy of Ukraine
#ArtOfQuarantine
#FlattenTheCurve

图3－23　拿破仑改送外卖了

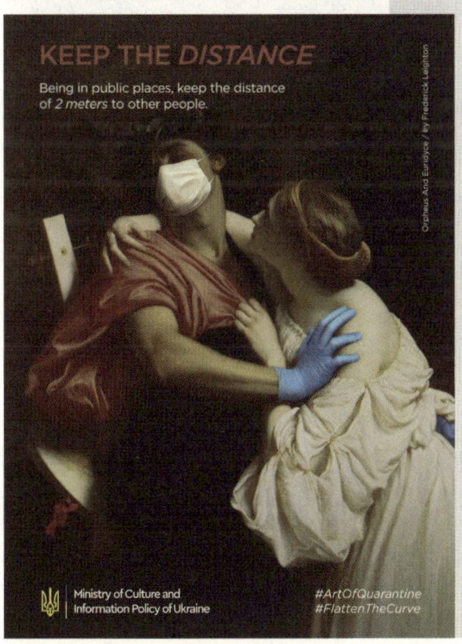
KEEP THE DISTANCE
Being in public places, keep the distance of 2 meters to other people.
Orpheus And Eurydice / by Frederick Leighton
Ministry of Culture and Information Policy of Ukraine
#ArtOfQuarantine
#FlattenTheCurve

图3－24　保持距离

USE GLOVES
Wear disposable gloves to avoid contact with potentially infected surfaces.
Praying Madonna / by Giovanni Battista Salvi
Ministry of Culture and Information Policy of Ukraine
#ArtOfQuarantine
#FlattenTheCurve

图3－25　戴一次性手套

WASH YOUR HANDS
Frequently wash your hands with soap to kill the viruses, that may be on them.
Portrait of a Young Man in Red / by Raphael
Ministry of Culture and Information Policy of Ukraine
#ArtOfQuarantine
#FlattenTheCurve

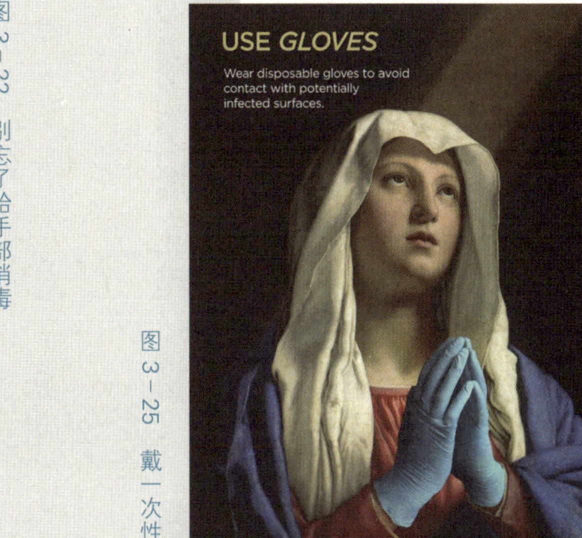

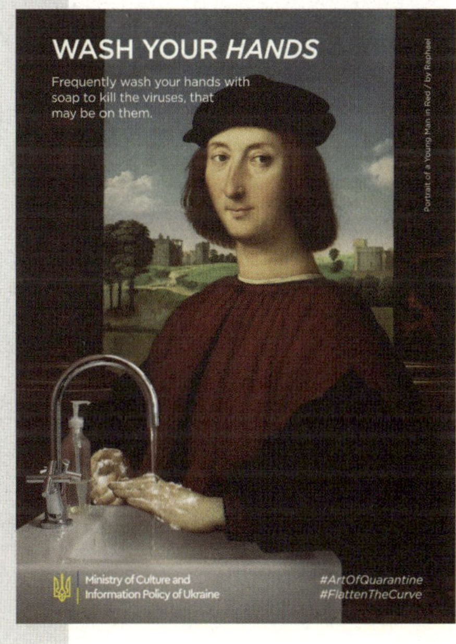

图3－26　勤洗手

图 3－27 为了保持社交距离，结果就剩下耶稣了，一脸的无奈

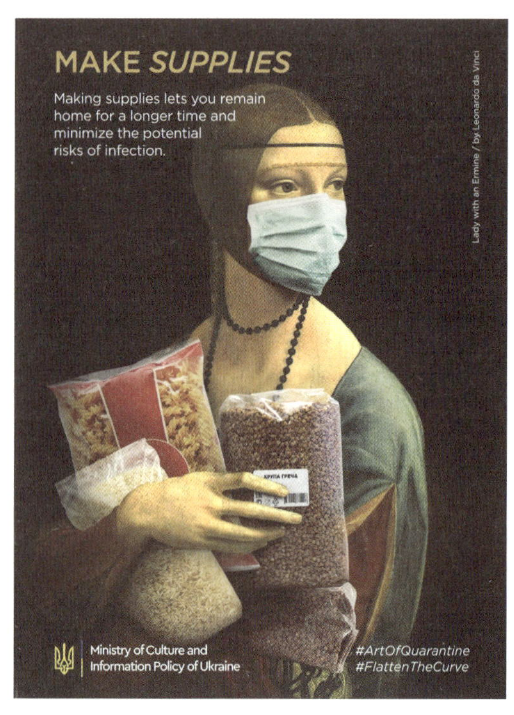


图 3－28 银貂不见了，变成了储存的食品

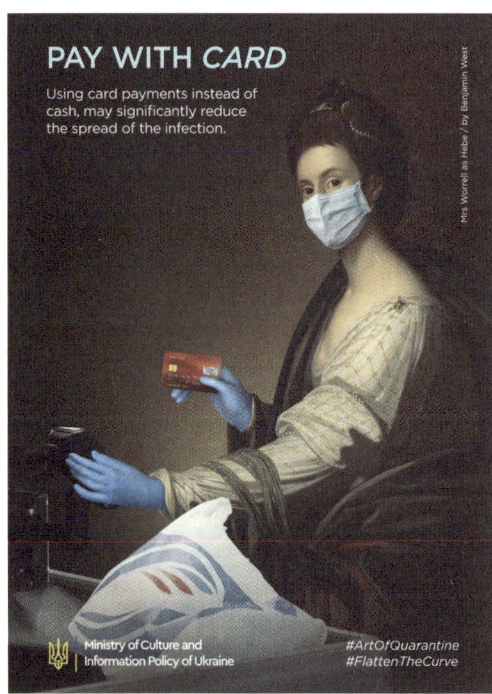


图 3－29 请用银行卡替代现金支付

图 3－30 出门戴口罩

**实训项目：**公益广告设计。

**项目内容：**学习本章理论知识，根据学习的内容进行归纳总结，运用多种创意手法和表现技法进行设计，体现公益广告的风格特征。

**训练目的：**通过对特定主题的公益广告的创意表现，让学生理解公益广告对社会的功能和担负的责任，掌握并运用广告创意的手法和表现方式，锻炼思维技巧和创意手法，进一步掌握形态与意义的转换关系。

**训练要求：** 体现公益广告的特点，打破常规思维，进行多样化的创意构思；文字、图片、色彩编排合理，充分体现公益广告的主题；可以手绘创意草图方案3~5套，选择其中一套方案采用电脑软件设计，表现形式不限。

## 延伸阅读与参考资料

1. [英] 爱德华·德博诺. 水平思考 [M]. 北京：化学工业出版社，2017.
2. 陆斌. 现代广告学 [M]. 上海：同济大学出版社，2017.
3. 程宇宁. 广告创意 [M]. 北京：中国传媒大学出版社，2017.
4. 李正良，李佳瑞，田森琪. 广告创意学 [M]. 北京：高等教育出版社，2021.
5. 刘建萍，陈思达. 广告创意概论 [M]. 2版.北京：中国人民大学出版社，2018.
6. 设计之家 [EB/OL]. https：//www.sj33.cn/.
7. 金犊奖 [EB/OL]. http：//www.ad-young.com/.
8. 全国大学生广告艺术大赛 [EB/OL]. http：//www.sun-ada.net/.
9. 全国大学生广告艺术节学院奖 [EB/OL]. https：//www.5iidea.com/xyj.
10. The One Show [EB/OL]. https：//www.oneclub.org/.

# 第四章　广告设计的要素

**教学目标：** 了解平面广告设计的构成要素以及图形、文字、色彩等视觉元素在平面广告设计中的角色和作用，理解视觉传播的相关理论及其运用，通过学习和训练，使学生对平面广告设计的视觉语言有更加明确深入的认识和理解，掌握构成要素在广告设计中的具体表现和应用方法，掌握统筹各设计要素的方法，有意识地锻炼学生综合运用各种视觉元素的能力，完成统一的广告画面。

**教学重点：** 广告设计中各构成要素的选择与表现。

**教学难点：** 广告设计中图形、文字、色彩的综合运用。

## 第一节　广告的图形要素

在资讯传播的过程中，图形和文字一样都是设计者的语言，但它比文字传播的速度更快，包含的信息更广，而且更易于记忆。它可以通过各种形式来达到传播效果，也更容易给观众带来强烈的视觉影像，达到更好的传播效果。所谓图形语言，其实就是用点、线、面等各种形式的基本图案来替代文字表现自身的形式语言，对于广告信息的传达有着重要的意义。它能更好地表达设计者的情感张力，给观众文字所不能带来的强烈视觉冲击，丰富产品的自我魅力。越是内涵意义丰富的图形语言越能生动有力地吸引观众的视线，传达产品蕴含的资讯。

### 一、广告图形基本特征

#### （一）图形的类型

广告设计中，图形类型多样，不同的图形类型有着不同的表现效果，为了使消费者能够准确、迅速地了解广告的信息与内容，就需要借助不同的图形来增强广告的表现力。广告设计中的图形类型可以分为装饰型、插画型、摄影型和综合型四类。

### 1. 装饰型

广告图形的装饰效果是指图形符合形式美的原则和装饰艺术的要求，能够与环境的统一协调，达到最佳的美化效果。在设计过程中，运用丰富的想象和创意，采用多种艺术形式与表现手法，可以将现实或超现实的意境、气氛表现出来，带来一种强烈的情绪感受。

Vaseline广告中通过对比古典油画局部特写中干燥与湿润的皮肤，表现产品强大的保湿功能，与干裂的油画肌理组合起来进行效果设计，成功营造出结合了艺术意境与产品功效的视觉效果。蓝色的品牌标志与画面中的图案色彩形成对比，有效地吸引了消费者的目光，达到了该广告的宣传目的。(如图4-1)

图 4-1　护肤品牌 Vaseline 广告

### 2. 插画型

插画又称插图，常见的有卡通插图、游戏插图、民间插图、文学作品插图、美术作品插图、影视作品插图和神话传说插图等。插图是人们熟悉的故事或者作品的展现，在人们的心中已经形成一定的认可度，当读者看到插图时，对广告主题的理解也就容易很多。

插画分为二维插画和三维插画。二维插画是以二维视角为依据进行创作的，三维插画则有了深度的展现，画面中任何一点都可以用三维的坐标形式进行表述，而且随着人们欣赏水平的提高，三维插画也在广告中得到了广泛的应用。

天猫的非遗猫公仔系列广告采用三维插画加渲染的方式，呈现出具有科技感、未来感的视觉宣传效果。在此购物平台中，天猫作为其IP形象，与不同的品牌合作时会扮演不同的形象，以适应不同类型品牌的场景呈现。(如图4-2)

图 4-2 天猫的非遗猫公仔系列广告

3. 摄影型

随着数码产品在艺术设计中的广泛应用，摄影类图片是当下广告设计中很常见并且重要的一种表现形式。摄影图片的效果更趋向于真实，将产品直观地呈现出来，可信度高，视觉冲击力强，对消费者具有很好的说服力。

图4-3是由阿拉伯联合酋长国FCB为Fine Hygienic Holding设计的口罩公益广告。全世界每天有数十万个口罩被丢弃，而且它们不会被降解，将会给人类环境带来挑战。用口罩将双眼遮住，喻示疫情时期口罩的大量使用和丢弃，会让人难以预测未来的生存环境。广告用摄影的方式，直观表现口罩与全人类的关系，并与文字标语结合，警示人类不要浪费口罩。(如图4-3)

图 4-3 口罩公益广告

#### 4. 综合型

一幅广告作品的画面可以用一种统一的风格呈现，也可以有多种风格并存其中。综合型是指图形间不同类别的混合，介于两种之间或存在于多种之上。设计过程中可将广告图形的不同类别有机地结合起来，各自保留一部分内容，让画面看起来层次丰富、亦真亦幻，带来一种别样的视觉冲击。这样可以更有效地吸引消费者的目光，传达出广告需要表达的信息。

图 4–4 将啤酒瓶身与足球比赛的人物图像相结合，直观地展现出足球比赛中运动员与球迷的激动情绪，与啤酒的饮用场景相契合。画面将摄影与图像后期处理相结合，在主体瓶身上表现出层次丰富、色彩鲜丽的视觉张力。

图 4–4 Cerveza Cristal 啤酒广告

### （二）图形的特征

图形是一种语言，通过图形暗示，读者就能知道图形所表达的含义。图形语言具有很强的传播性，广告设计中如果能充分运用图形语言进行设计，将会达到很好的宣传效果。

#### 1. 形象易于记忆

图形具有简洁直观的视觉特征。在日常生活中，方形、圆形、三角形、梯形比较常见，而生活中的各种物品都可以用这些图形进行概括。我们记忆一些事物的特征，总会用一些图形进行概括，如我们记人物的特征时总是用某些图形模式进行类比。在广告设计中巧妙地运用这些图形元素，有利于读者进行记忆。

图形具有典型的特征、鲜明的视觉印象，在设计广告时巧妙地运用这一特点会起到特殊的宣传效果。我们的生活用具也具有典型的图形特征，如我们的桌子是方形或圆形的、锅是圆形的、尺子是三角形或长方形的。我们在设计生活用具的广告时可以把这些用具稍作调整，使其更加具有图形特征，这样会引起读者的好奇心，从而对这种广告有深刻的记忆。

图 4–5 中设计者将喷射而出的番茄酱中的酱汁与番茄结合，表现产品用料扎实、原汁原味等特征。番茄是生活中常见的食物，将其直接呈现在画面中，增强了广告的传达效力。同类色的应用，突出产品浓郁、新鲜的特征。

图 4–5 亨氏番茄酱广告

2. 传播形式广泛

图形是世界的通用语言，即使在文化差异明显的国家和地区，我们也可以通过公共图标了解当地的公共规则。图形语言传播形式非常广泛，当今广告、包装、书籍等各个领域都在使用图形进行信息的传播。

图4-6用极细的声波与切好的蔬菜相结合，突出刀具良好的使用效果。广告中没有多余的文字信息，但呈现了不同国度和语言环境下的观众都能理解的视觉图形语言。

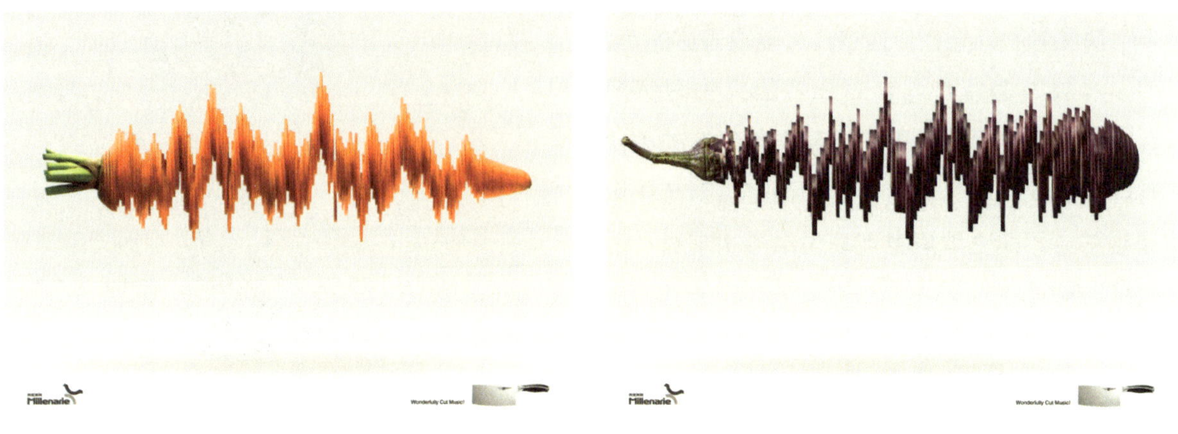

图 4-6　Millenarie 厨房刀具广告《切出来的声波》

图 4-7　麦当劳广告

3. 增强广告生动性

图形能够直接生动地反映产品广告的相关信息。在广告中运用不同的图形元素，会产生不同的表现效果，如图形以现实的风景场景为主，会渲染出一种逼真的气氛，给人身临其境的感觉。形象生动的图形设计，具有典型的代表意义。

图4-7广告中设计者将同类产品印在衣服花纹上，并将冰激凌拟人化，用眼睛盯住画面中心的圣代，栩栩如生地展现圣代的美味和吸引力。

4. 具有较强的说服力

直观的图形形象具有很强的说服力，读者通过图形就能够知道产品的独特功效。在广告设计中，如果要表现某些产品使用后的效果，就可以通过图形把这种功效表现出来。

图4-8广告中黑色环圈代表不同的含义，左边相框上方的环圈代表死亡，最右边的照片中的黑色环圈则代表安全带，唯一系上安全带的人幸免于车祸。德国道路安全组织（DVW）希望将此信息传递给德国汽车司机，致力于提高德国道路的安全性和减少事故。

图 4-8　公益广告

## 二、图形的表现方法

在众多现代媒体传播技术中，广告中的图形元素是一种具有强烈视觉冲击力的符号语言，对于产品的不同创作设计，能给消费者留下深刻的印象，并引发他们对产品的联想，从而使产品资讯得到有效传播。

图形是广告中视觉传达的重要元素，出现在设计的各个阶段。设计者需要把作品的内涵信息浓缩、组织，然后创作成富有个性的图形语言，使主题呈现出更高的艺术性，带来更强的号召力。因此要使广告作品的精神文化得以显现，就必须创作出优秀的图形，用独特的思维结合各种艺术表现形式，创造出令人印象深刻的设计。而这些图形符号由于在作品中表现出来的效果、形式不同或构成元素不同，也就有了各自不同的创作模式。

### （一）聚成类图形

聚成类图形就是指将各种不同的形象素材聚集整合到一起，这些形象素材都是相同或相似的，可以是二维平面的也可以是空间立体的，按一定规律聚集起来，通过设计者的构思被组合成新的图形。通常用到的素材包括点、线、面或其他类似形体。

#### 1. 聚点图形

点是构成图形的最基本元素，是面积最小的构形素材。如果只是一个独立的小点，可能表现力有限，会被人们忽视，但如果将众多的点聚集整合到一起就会有极强的视觉感染力。在创作广告图形时巧妙地安排运用好众多的点元素就能够呈现出线、面及其他复杂形体的形态效果，这样的图形就是聚点图形。

图4-9广告中瓶身海报色调简约，黑色瓶身上密集的圆点表现出可口可乐强劲刺激的口感，置于红色背景上，居中编排，浅显易懂。

图4-9 可口可乐聚点图形广告

### 2. 聚线图形

从几何学上讲，一个点沿某种方向任意移动后所构成的图形即称为线。从艺术表现来看，线就是很多点聚合压缩而成的，可以是直线也可以是曲线，把这些线组合起来就能创造出所谓的聚线图形，可以表现各种造型的面与形体，带来独特的视觉感受。

图4-10广告版面构思简洁，线的元素构成画面主体的同时，曲线的运用使得画面更灵动，在平面二维空间增加了纵深感。高饱和度色彩的运用与产品快消的市场定位相契合。

图4-10 可口可乐聚线图形广告

### 3. 聚面图形

面在素描中也被称为块面，它可以分为平面、曲面和凹凸面，在不同条件下应用表现出来的效果也会各不相同。在二维环境下，将各种形态的平面素材有序地聚集整合起来就能创造出具有新意的平面图形。另外也可以将各种类型的面按照透视学的规律有序地组合起来，呈现出具有立体感与空间感的图形，这些通过不同方法将面集合组织而成的图形就是聚面图形。

图4-11广告中，俯视角度下，地面上层层的田地，在色彩中构成一个汉堡的二维图形。设计者运用聚面图形的手法，呈现出一种独特的趣味性，同时也表现出食物原材料的天然和安全。

图4-11 麦当劳广告

4. 迷视图形

在广告图形的创作上，有时会将表现形体的点、线、面各部分与背景相融合，将形体间的轮廓线重合或略去，又或者用一些新的图形素材组合在一起成为一种新的形象，而把各自原本具有的物象隐藏在新形象之中，产生一种特殊的聚成类图形——迷视图形。通过不同表现形式所构成的迷视图形可以迷惑人们的眼睛，使人一时间辨不清物象的形态特征，必须静下心来定睛凝视，才能逐渐将物象看得清晰明了，这就很好地抓住了消费者的视线，将作品的内涵信息成功传达。

图4-12广告中，设计者通过无数个乐高零件，构成图形的马赛克特殊处理效果，呈现出迷幻的视觉效果，丰富的色块形成独特的视觉肌理效果，刺激人们的视觉神经，让人产生对画面探索的兴趣，从而达到良好的传播效力。

（二）光影类图形

影子是光线被物体挡住而形成的阴影，也可以是镜面、水面等反映出来的物象。光源是影响影子的关键，在光的照射下，我们可以感知到“形”与“影”的同时存在，适当地改变图形的光影效果，就可以取得令人新奇的视觉效应。

图 4－12　乐高名画系列广告

光影类图形是指以影子与实体的关系作为素材而创作的图形。呈现这类作品，需要在设计的过程中找到实体与影子间想象的着眼点，利用光线对影子的作用，通过多视点、多角度的表达来传递情感。当设计者为了展现其创作意念而对实体与影子进行不断的探索组合时，光影类图形就诞生了。

光影类图形常用来反映事物自身各部分间的关系，在进行创作时可以适当地改变图形的光影与视点的角度，同时也要注意原物各部分之间相对关系的自然过渡，可以使原本平淡无奇的图形充满张力，大大增强作品的视觉效果，从而积极有效地使之达到广告设计的目的。

图 4－13　奔驰汽车广告

图4-13中，设计者通过制造汽车维修工具在墙面上呈现出动物造型的光影形象的方法，巧妙地表达了广告的目的，并成功吸引了消费者的目光。工具所投影的动物分别为恐龙和鳄鱼，皆属于凶猛的动物类型，结合广告中的文字信息，表明非官方的汽车修理会带来极大的安全隐患，警示消费者应通过官方途径进行汽车修理。

图4-14 电影《影》海报

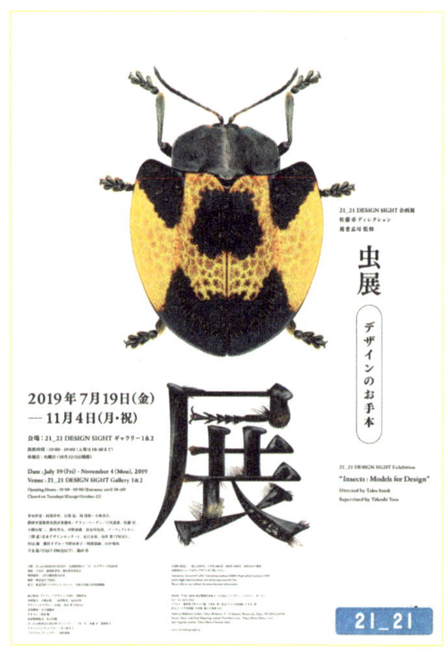


图4-15 "昆虫：设计模型"展览广告

### （三）文字类图形

文字类图形，顾名思义，是指以文字作为素材进行设计的图形，文字的优点在于能够直接表达思想，但却没有图形对于人眼的视觉影响大。所以，当把文字和图像结合起来时，它们相得益彰，就产生了设计中常见的文字类图形。

#### 1. 书写性文字图形

书写性文字图形的主要特点在于它能很灵动地展现文字，使之具有艺术的美感，在书写时按照文字不同的含义及特征，使之成为富有美感的艺术作品。书写性文字图形不仅可以呈现出活泼流畅的灵动形象，更能在一定程度上将书写者的思想感情完全释放。

图4-14是电影《影》的海报，它运用"影"字的中国传统书法书写方式呈现，文字既是电影的主题也是海报中的图形元素，极具中国传统文化韵味。这种极致的中国之美，体现了中国传统文化的美学风格。

#### 2. 质感性文字图形

质感性文字图形是指利用不同属性的事物，使材质与文字结合，或者直接用其材质表现字体而呈现的文字效果。质感重视的是构成元素，质感艺术使很多事物得以美化，它通过基本形式法则带来视觉及心理上的美感，质感性文字图形即是采用各种表现手法，使文字的构成形态得以完美呈现，既把文字图形化，又能使图像的含义更加深刻而准确。

图4-15的广告画面中以昆虫代替文字，并将昆虫节肢构成文字的笔画，将文字通过图形呈现，充满质感的图形文字展现出独特的个性，符号性很强。版面构图简洁，表述清晰。

#### 3. 效果性文字图形

效果性文字图形，顾名思义，是在作品画面中图文结合，展现出一种相互融合的形态，在文字的空间里加入图像，或在图像里写上文字，使二者紧密相连，同时也可以使文字通过各种变形，呈现出意新、形美，并且变化的效果。在使用过程中，图文相容的效果更加鲜明生动，而这使作品产生的精神意象传递出浓浓的文化意蕴和情调。

图4–16通过竹编工艺品的排列中间留白处形成“竹”的宋体字，图文相融，形式感生动强烈，体现出浓郁的文化底蕴。

#### 4. 综合性文字图形

在文字图形的设计过程中，把文字素材和其他素材结合起来，其中包括有具象性的、抽象性的各种符号元素，组合形成一个统一协调的图形，这就是综合性文字图形。综合性文字图形可以把各种不同元素固有的优势组织起来，扬长避短、相互补充形成新的优势特点，这样不仅可以增强图形的表现力，而且能够取得良好的视觉传达效果。

图4–17的版面采用居中的构图方法，将文字密集排列成矩形状，巧妙地将食物重合的部分与刀具图形结合，形成新的视觉语言，使之成为图形与文字信息相结合的综合性广告设计，有效传达广告信息。

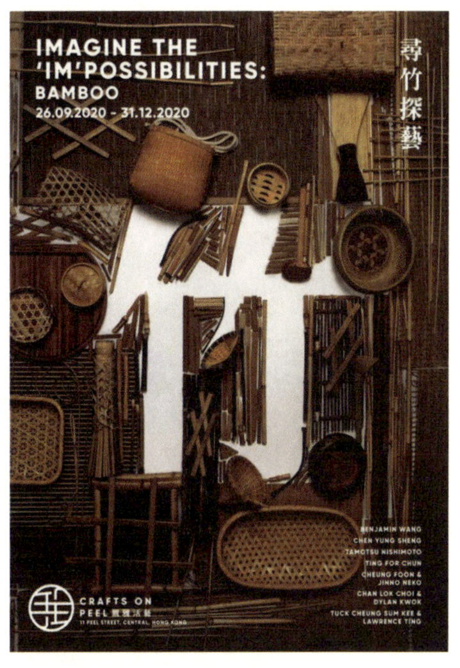


图 4–16　“寻竹探艺”特展广告

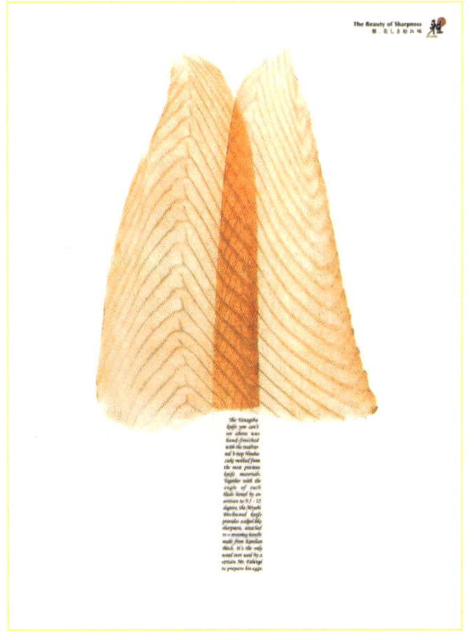


图 4–17　Miyabi 刀具广告

### （四）共生类图形

共生类图形是指物形之间通过共用轮廓或虚实反转的方式将多个物形组合而成的图形。物形之间以一种特殊独有的关系紧密相连，组合成一个不可分割的整体。共生图形一般分为轮廓共生图形、正负共生图形、局部共生图形和整体共生图形。

#### 1. 轮廓共生图形

轮廓共生图形即物形之间轮廓重合，以轮廓线作为共用部分，整合共生成新的更加完善的形态。这种共生图形的特征在于其简练的轮廓线勾画出多种物形组合而成的共有形象，富有趣味性地表现了主题内涵。

人体在运动过程中能锻炼心肺功能，图4-18的广告用运动鞋塑造出器官的形态，使两者形成轮廓的共生，十分具有趣味性，同时亦表现出运动鞋的轻便与较好的弹性。

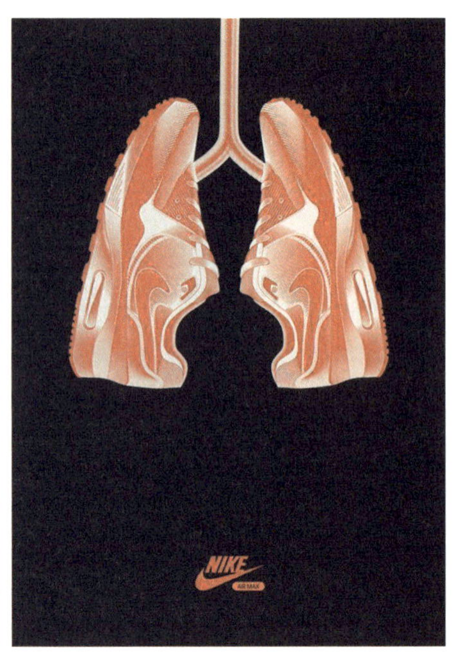


图 4-18 耐克广告

### 2. 正负共生图形

构成正负共生图形的物形之间必须要有相同的线条，它们是以公用线为共生形象的基础，以图的正负反转的手法创造出一种和谐共生的正负图形，将画面的动感节奏表现得淋漓尽致。正形和负形有时会出现逆向反转，物形可为正也可为负，在这种状态下，正形和负形所具有的传达力是相等的。

图4-19中设计者巧妙地通过相同的图形，使产品中露出的白色部分形成夜空中的月亮的画面，虚实互补，互生共存，创造出简洁有趣的画面效果。广告中色彩简洁，白色部分除了正负形构成的月亮造型，还突出了产品包装的品牌标志，塑造了简约大气的品牌形象，达到了良好的宣传效果。

图 4-19 妮维雅广告

### 3. 局部共生图形

局部共生图形是指相似物形或相同物种间有可以共用的局部，以这个部分的素材构件作为整个图形的共用形，巧妙地将其叠合后创作而成的新图形。这样的构图方式可以让人们的视觉中心点不断地在图形中来回移动，给人带来一种新鲜惊奇的感觉，从而对物形产生好奇的欲望，有效地引起人们对作品的兴趣和关注。

图4-20的设计者将香皂与花瓣的形态构成局部的共生效果，给人带来一种新鲜惊奇的感觉。产品在色彩上也与花瓣颜色相近，整体画面色彩柔和，给人亲近感，和产品的功能与特质相符。

图 4-20 Dove 香皂广告

4. 整体共生图形

整体共生图形，即共生的部分是整体而不是局部。整体共生图形在设计过程中需要有丰富的想象力、大胆的创新思维，这样的组合方式所呈现出来的画面给人以惊奇不可思议却又巧妙而恰到好处的感觉，这样的视觉震撼不仅能引起人们的兴趣和注意，更能给人留下深刻的印象。

图4-21用建筑结构表现溃烂的牙齿，直观地呈现在黑色的背景之中，以整体共生的设计手法形成较强的视觉震撼效果。右下角处的文字标语和产品图片作为视觉第二中心点，也起到了引导观者视线顺序的作用。

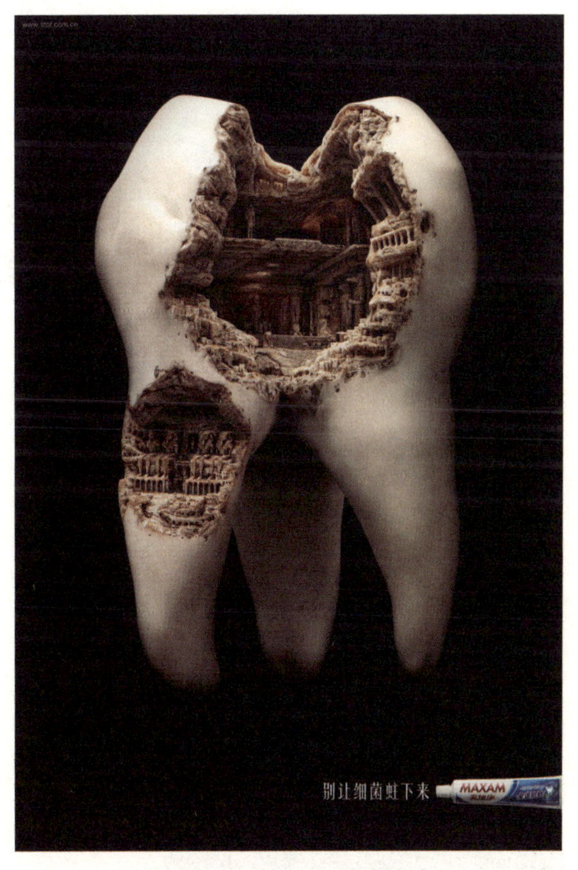


图 4-21 Maxam 牙膏广告

(五) 拟仿类图形

图形作为广告传播的直观视觉语言，在表达过程中其形式不应过于直接或僵硬，要有生动活泼的创意形象，这样更容易使人们对广告产生新奇感和兴趣。而拟仿类图形通过模拟和模仿的方法使作品形象更为鲜明、独特，从而使作品的艺术魅力得到升华，更有利于广告的传播。

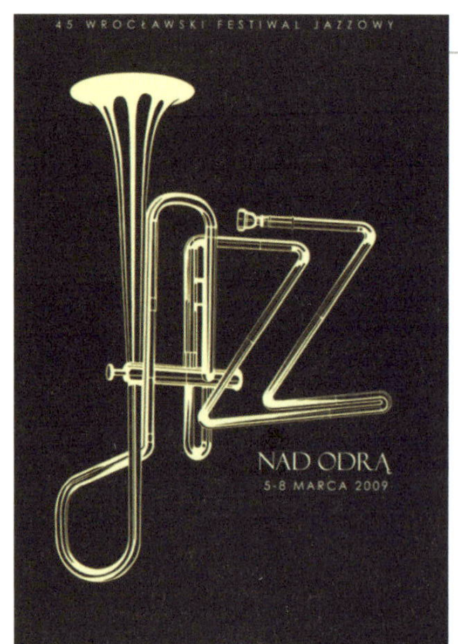


图4-22 弗罗茨瓦夫爵士乐海报

图4-23 麦当劳广告

图4-24 麦当劳咖啡广告

1. 仿曲图形

仿曲图形就是将某些在常理状态下不能弯曲或扭曲到极致的形象刻意地加以弯曲变形，创造出一种跳脱现实的个性形象，使广告的创意魅力更为彰显。

图4-22的弗罗茨瓦夫爵士乐海报通过线条将单词Jazz与乐器造型结合，生动直观地体现了海报的主题。

2. 仿穿插图形

广告是图形的不断变化组合，仿穿插图形就是利用一种物体穿插于另一种物体的构型方法，加强、突出事物的某一特征，使之更凸显于画面之上，并且使图形的形式更加特别、有趣，让人们产生惊奇感的同时也强调了图形的内容和意义。

图4-23将辣椒与汉堡中各种食材穿插起来，图形的表达形式十分特别、有趣，给人以惊奇和新鲜感。酒红色的背景以及食材新鲜的色泽给读者传达汉堡口感的辛辣。

3. 拟人图形

拟人本身是指文学中的一种修辞手法，是把事物人性化，把本来不具备人的感情或动作的事物赋予人的各项特征。现在把拟人用于广告图形中，就是把物拟作人，将除了人以外的生命体或无生命的物体人格化，使其具备人的外表、个性等特征，就像童话里的动物、植物能说话、大笑一样。在拟人图形中，新的图形形象不能完全脱离原形，但又是原形所不具备的。

图4-24将咖啡杯盖采用拟人化的处理方式，用正在打哈欠的人脸与咖啡杯盖进行共生设计，使之生活化和形象化，容易吸引读者的视线，突出了产品的特征和趣味性。

# 第二节　广告的文字要素

## 一、文字设计的基本特征

广告活跃于当今社会的各个角落，是人类社会发展中多元文化冲击的产物。文字本身是一种资讯交流的视觉符号，在广告设计中起着至关重要的作用。一个优秀的广告能够吸引人、感动人，其中的文字运用是广告资讯传达过程中最为直接、最为准确的介质。广告中的文字设计要符合广告内容的整体需要，良好的文字及色彩运用都有助于提高广告的整体效果，增强其感染力。将文字设计真正融入广告设计之中是提升广告设计自身价值的关键所在。

### （一）文字设计的原则

广告中文字的设计，应当整体精简，符合效果、创意的需要，在具备基本信息传达功能的同时，满足广告的宣传特点。在广告文字的实际设计运用中，文字的客观性以及文字的鲜明个性都是其基本原则的展现。

#### 1. 注重文字的客观性

文字本身的客观性是与人们进行广告文字欣赏的主观性相对而言的，文字本体意义上的客观，主要是指其不依赖于人的意识而独立存在。在广告作品中，文字的设计应充分展现其形式美的特点，增强视觉传达效果，提高作品的表现力，通过文字合理的设计与应用，使作品更富艺术感染力。

文字的功能性十分强大，它能够以客观的方式将广告内容呈现给观众。要注重文字表达的客观意义，根据广告宣传的具体内容和形式选择合适的字体，使广告的文字与整体设计风格达到和谐统一，同时也使广告整体宣传效果表达得更为顺畅。

图 4-25 的高德地图广告通过汉字“行”与道路图形结合的方式，直观展现地图的功能性与准确性，并强调出品牌市场定位的客观性，柔和的字体设计亦表现出一定的安全性。整体视觉效果具有一定的视觉感染力。

图 4-25　高德地图广告

#### 2. 保障文字的可读性

只有具有较高可读性的文字才能有效地对广告信息进行传达，帮助读者在第一时间了解和掌握广告传递的内容。为保障文字的可读性，可以从文字的样式、字号及排列方式入手，选择结构简单、大小合适且排列规范的文字做设计，这样一来，简明、清晰的画面便能使文字可读、易读。

图 4－26　学生作品《百年初心》/赵泠辰

图 4-26 中设计者将图形融入字体中，有效表达建党 100 周年以来祖国的建设与发展，其中运用到传统纹样、建筑、祖国风光等元素，突出主题的同时文字不失可读性。

3. 赋予文字鲜明的个性

与其他传播媒介相比，文字作为一种语言运用方式、一种文化符号现象，是当今社会不可或缺的资讯承载体。在广告设计中，将文字进行多样性的艺术化处理，可以大大提高文字自身的价值，同时也是彰显文字鲜明个性的良好途径。

广告中文字个性的良好展现，与宣传主题、表现样式以及色彩运用有着极其密切的关系。广告宣传主题确定了文字的整体风格，其中字体样式的选择在表现上起着至关重要的作用。文字自身形态的变化，文字色彩与背景色的搭配以及文字与图形、图像的关系都是文字个性表现所要考虑的重点。

当广告文字以某种方式出现在观众眼前时，人们会习惯性地在色彩作用影响下，结合整体设计风格，借助文字与自身视觉效果的融合，使广告文字符合审美，并达到与广告主题高度统一的效果。文字的艺术性与功能性完美结合，更能凸显其鲜明的个性特征，达到良好的宣传作用。

图 4-27 画面中文字信息传达出鲜明的特征与个性，通过图文结合的方式，将版面氛围烘托得淋漓尽致。

（二）文字字体的风格

文字作为一种艺术形式，在个性和情感方面都对人们产生极其深远的影响。文字字体风格形式多变，通过对字体不同特性和类型的了解和把握，可以帮助我们增加文字在实际运用中的表现形式。

1. 端庄典雅型

根据广告版面的需求，使用形式单一、清秀流畅的字体最能展现端庄典雅的风格。其笔画纤细、字体优美清新、格调高雅，因此能给人以娟秀、柔美之感。此种风格的字体适用于表现以女性为主导的广告作品，如女性产品广告、化妆品广告、饰品广告等。

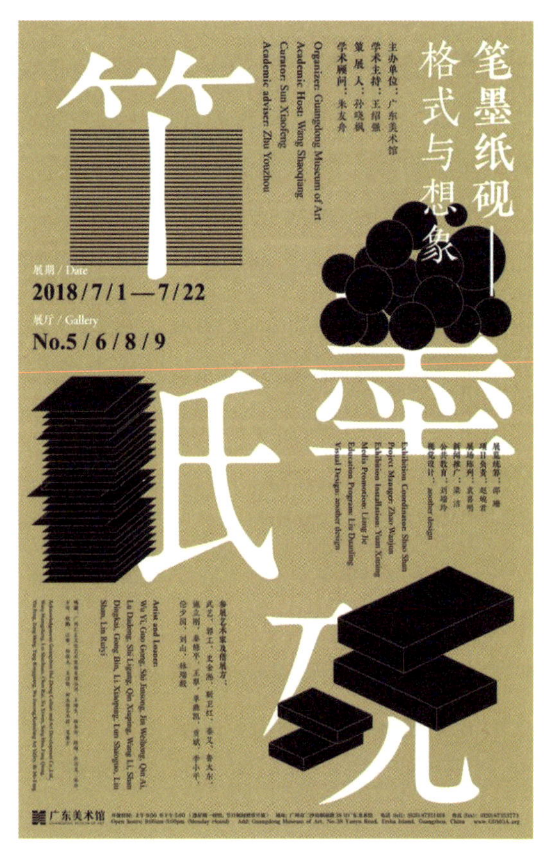


图 4－27　《笔墨纸砚——格式与想象》

图4-28画面整体呈现出古典、端庄的中纯度色调，并将文字信息与扇状图形结合，表现广告主题，有效宣传了美术馆展览活动。

2. 坚固挺拔型

对于纤细柔和的字体，选用挺拔的字体样式，结合规整、紧密的排列方式，可表现出富有力度的文字效果，特别是在塑造男性印象、机械、科技等主题的画面中，此类字体可给人以坚固、挺拔的印象。

图4-29为2018年天猫“斗到底”篮球3×3城市争霸赛广告，诠释“速度、竞技、热血”的运动特征，广告设计中字体显得十分有力量感、运动感，强调篮球运动中互相对抗的力量，字体中将笔画边角变尖，表现该活动中强强对抗的力量。

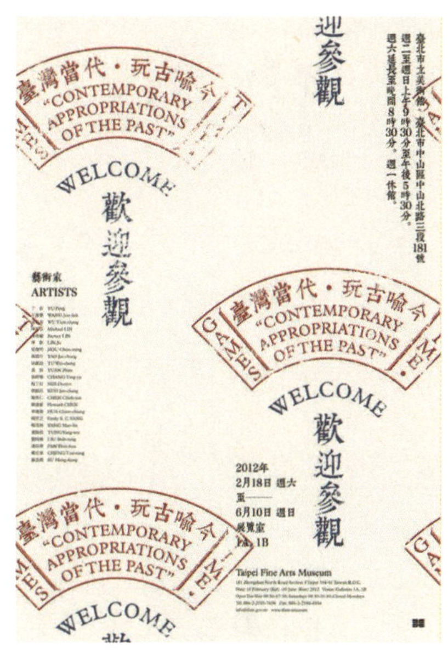


图 4－28　台北市立美术馆广告

图 4-29　《不服来斗》

图 4－30　Nike 运动鞋广告

3. 灵动流畅型

为使画面呈现出灵动脱俗的效果，不妨使用笔画蜿蜒、流畅的字体，配以自由、轻盈的书写方式，使文字呈现出既富有美感又不失随性的视觉效果，借助这种独特的字形结构，打造出轻松、自在的版面效果，给人以亲切感。

图4-30画面中人物在运动状态，插画风格给人轻盈、灵动、自由的美感，展现出活力十足、有透气感又不失丰富的画面。

4. 古朴简洁型

在营造深沉、浓厚的广告氛围时，不妨选用朴素无华、单纯简洁的字体样式，结合低纯度的画面效果可表现出历练、具有深度的字体特征。

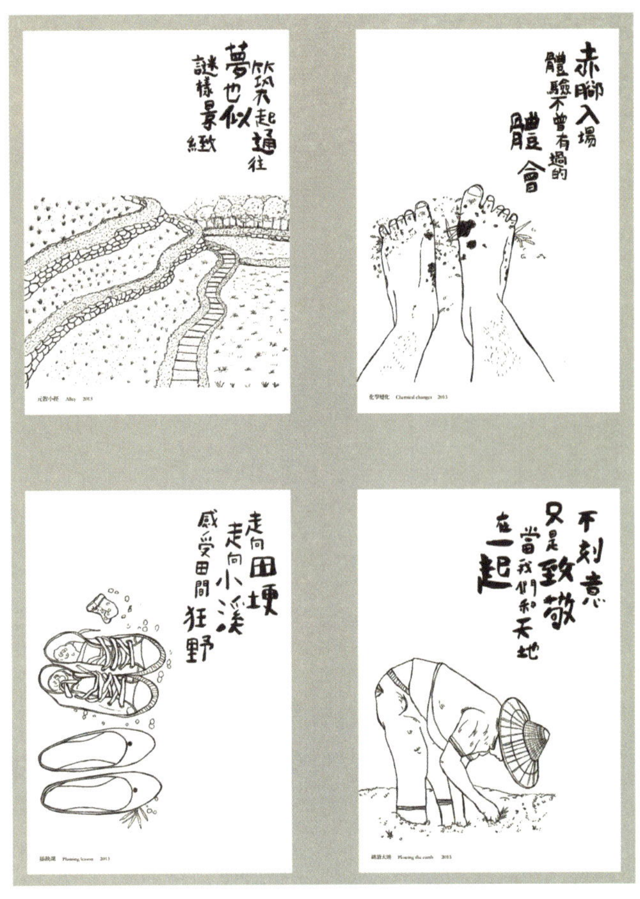


图 4－31 《哩厚，八烟!》

图 4－32 Big M 饮料广告

图4–31从人文的角度深度探访了只有9户人家的农村聚落，并对农村特有的生活方式做文字的撰写。手写体文字和插画的运用增加了画面的温度，激发观者对土地的热情与关注。

5. 欢乐轻快型

蜿蜒精细的字体笔画，配以自由、流畅的字体样式，这种独特的自由形态可以使文字呈现一种轻盈欢快的视觉优势，同时也能营造出一种浪漫唯美的亲切感受。

图 4–32 整体版面背景采用简单的白色，为突出产品口味的新鲜，将饮品与文字信息结合，放置在具有优先视觉位置的版面中心，使文字呈现出欢乐畅快之感。

6. 创意质感型

材质是塑造字体形象的有效元素，将更多的道具、物件与文字样式进行有目的、有秩序的相互组合，并根据物件的材质对文字进行调整，可形成完美的统一。这种不可复制的表现手法能激发出创意十足的灵感，使画面更具趣味。在广告的字体设计中，通常会选用材质拼贴的方式对字体进行设置，其中常用的材质元素有食物、花卉、机理材质等，利用材质拼贴出来的文字具有很强的装饰性，既能与广告主题紧密联系，又能以独特的表现效果给人以亲和感。

图 4–33 用渐变的彩虹色彩铅组合成文字信息，并利用铅笔投射的阴影，产生出独特的视觉感，既增添了画面的趣味性，亦表现出独特的创意感。

7. 卡通趣味型

卡通字体的选用也因广告内容而异，例如在表现趣味活泼的氛围时，带有卡通色彩的文字最适合不过。利用笔画逗趣的文字，夸张、幽默的字形样式，辅以色彩和抽象元素，可以表现出富有乐趣的氛围。

图4–34 为位于帕丁顿的诺福克广场花园音乐会宣传广告，它采用轻松活泼的插画形式表现了活动的随性与欢乐，鲜亮的颜色配合插画内容，烘托出充满乐趣和艺术的氛围，也起到了引起观者参与活动兴趣的效果。

图 4－33　The Big Draw Berlin 活动广告

图 4－34　诺福克广场花园音乐会宣传广告

8. *活泼可爱型*

相对于其他书写文字，力求活泼、可爱风格的字体样式更加注重装饰效果。在文字的设计上，利用温润的色彩和略带花纹的修饰即可展现出文字的可爱和活泼。

Golden 以有趣味的品牌形象著称，在 Golden Chicle 产品推出时，图 4-35 的广告通过年轻化的插画与高饱和度的色彩，打造出具有活泼个性且有吸引力的产品形象。

图 4－35　Golden 公司广告

图 4-36 《一个美国人在巴黎》

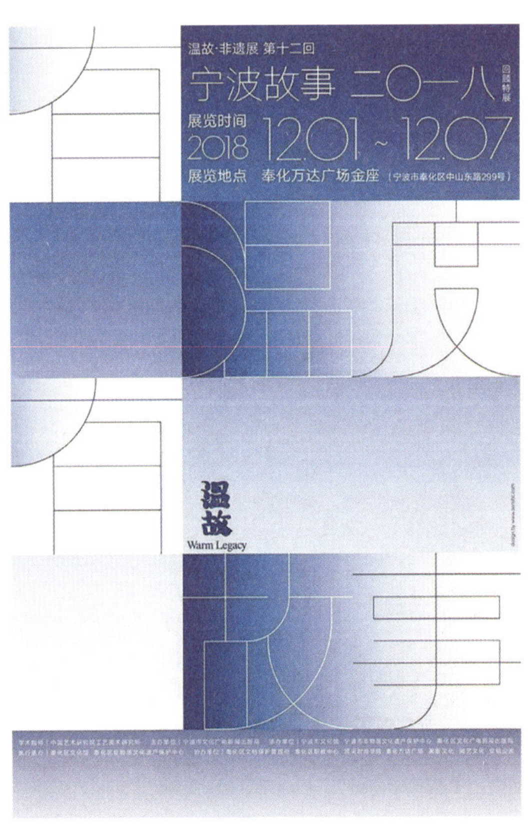


图 4-37 温故·非遗展海报

### 9. 新颖奇特型

奇特的事物向来离不开创意的体现，借助新颖奇特的字体样式能够使广告画面出奇制胜，达到先发制人的效果。如何使文字新颖、奇特，需要设计者充分发挥自己的想象，大胆利用各种表现形式，使字体表现出不可复制的创意效果，从而符合人们的猎奇心理，锁定人们挑剔的注意力。

图 4-36 为法国经典歌舞剧《一个美国人在巴黎》的海报，在保留了埃菲尔铁塔的优雅造型的同时，没有弹性的线条变得蜿蜒曲折，来回弯曲，仿佛建筑形式是舞者的身体。设计师巧妙地创造了一个双重形象，让两个有形的埃菲尔铁塔看起来在跳舞。

## 二、字体设计的准则和运用

不同的文字往往隐含着不同的思想内涵和特征，因此在设计的过程中需要掌握字体的设计准则，并合理对其进行运用，方能帮助我们更加深入地把握广告的主题。文字作为设计领域中重要的视觉元素之一，其作用不容忽视。在实际运用中，字体的设计讲究统一与变化、组合与排列，使字体在变化中产生美感。合理的字体体系可以在视觉传达上保证字体的可视性，从而准确、形象地表达文字含义。

### （一）笔画粗细的对比或统一

不同粗细的字体表现出的感情基调是不同的。较粗的笔画能够给人以强硬、坚实的男性印象；而较为纤细的字体笔画却能够给人柔和、柔美的女性印象。当在画面中同时出现粗细不同的字体样式时，两者能够产生出强烈的对比效果。当然，为使画面更加合理化，应根据画面的实际需求，对笔画的粗细进行适当调整，使两者产生协调的对比效果。

图 4-37 通过将蓝色渐变色块与纤细的字体设计相结合，造成视觉元素的体量对比，色彩的统一产生协调的版式。

### （二）字号大小的对比或统一

不同字体的字号大小对比，相比不同粗细笔画的字体对比更具有强烈的表现张力。在画面中采用字体的大小对比，能够强调出主题的多变性，使画面内容层次更加清楚、明确。在设计中，要避免刻意放大字号，否则会造成文字间的不和谐，导致信息之间的连接缺失。

图4-38画面中文字在色彩和大小上形成对比，字母的错位呈现不失可读性，彩色色块在简单的白色背景下显得跳跃活泼，左右两边黑色文字给人一种对称、规整的感觉。

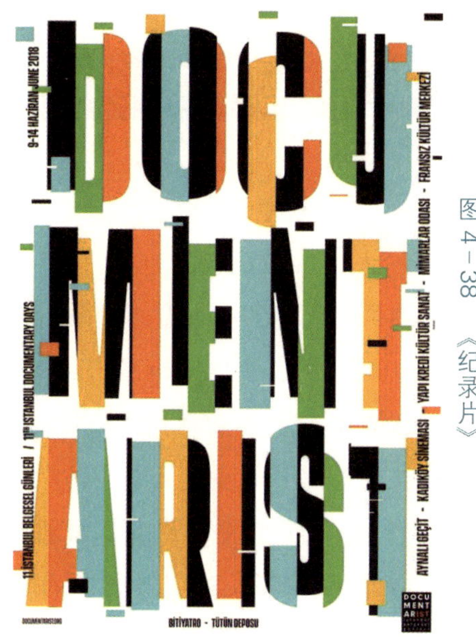

图4-38《纪录片》

（三）空间结构的对比或统一

为了确保文字与整体画面能够形成完美、富有生气的协调关系，我们还需要对文字的空间结构进行调度，即通过调整字与字的间隔和结构关系，使文字能够有很好的平衡或间隙，从而打造出更加合理的版面效果。在对字体的空间结构进行调整和统一时，一定要注意字体的笔画、字距、疏密、角度等空间关系。例如当版面过于紧凑时，那么就需要适当拉大字体的间隔距离，或者增强文字的大小对比，使原本过密的文字信息得以缓和，打造出相对统一与协调的视觉效果。

图4-39　南锡市文学作品展海报

图4-39通过对文字字体大小、角度、字距等的设计，使它们形成书本的形态，画面中的字母、线条构成的书页、书签上的色块形成有节奏感的点、线、面三个画面元素，内容与形式巧妙地实现了协调与统一。

（四）色彩色相的对比或统一

色彩的对比能够加大文字之间的跳跃性，其中色相的差异越大，其对比效果就越明显、突出。色彩的色相对比也应根据画面的整体风格来设定，例如在渲染安静氛围的画面中便不适合过于强烈的色彩对比，此时可以考虑降低色彩的纯度和明度，以使原本对比强烈的色彩变得相对柔和、协调。

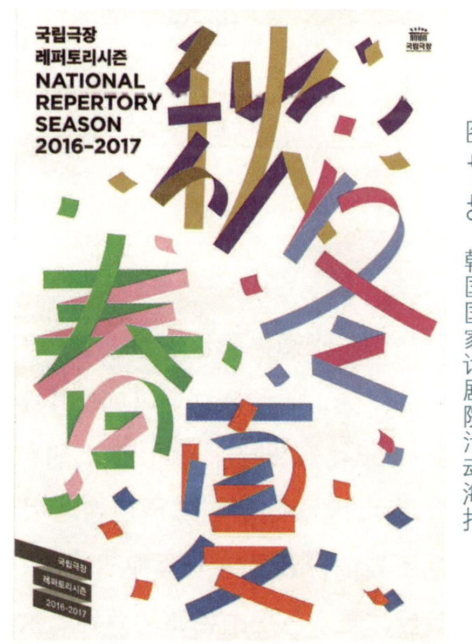

图4-40　韩国国家话剧院活动海报

图4-40中，在笔画的翻转之下，字体的对比色使笔画之间保持清晰的轮廓，松散不规则的笔触组合通过丝带的意向表现，与五彩的纸屑融合在一起表现2016—2017年的剧院庆祝活动。

# 第三节 广告的色彩要素

## 一、色彩原理

世界万物都与色彩有着紧密的联系，色彩有着千变万化的表现形式，是广告表现的一个重要元素，在广告设计中的运用大大地影响着广告的宣传效果。我们生活的世界是色彩斑斓的，色彩能影响人的视觉神经，从而产生色彩的审美。不同的人有着不同的经历，也就有了对色彩不同的喜好。一幅广告包含色彩、文字和图形等多种元素，其中色彩能将广告的形象立体化，凸显广告的质感，并将画面的主体情感表达出来，而且绚丽多彩的画面能通过刺激观者的视觉神经，产生积极的宣传效果。作为版面中的装饰性元素，色彩使人对广告产生浓厚的兴趣，并提高人的注意力，以达到强化广告宣传效果的目的。

## 二、色彩三要素

自然界的色彩虽然各不相同，但色彩变化丰富的原因在于其三个基本属性，即色彩的明度、色相、纯度。这三个要素是评价色彩的主要依据，在进行色彩搭配时，参照三个基本属性的具体取值来对色彩的属性进行调整，是一种稳妥和准确的方式。

### （一）明度

明度是指色彩的明暗程度，即色彩的亮度、深浅程度。最亮是白，最暗是黑，黑白之间不同程度的灰，都具有明暗强度不同的表现（如图4-41）。若按一定的间隔划分，就构成明暗尺度。有彩色既靠自身所具有的明度值，也靠加减灰、白调来调节明暗。

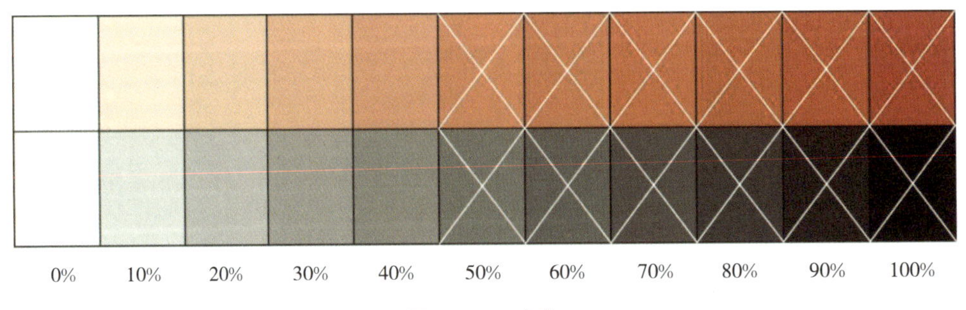


图4-41 明度

### （二）色相

有彩色包含了彩调，即红、黄、蓝等几个色族，这些色族便叫色相。所有的色可排成一个环形。这种色相的环状排列，叫作色相环（如图4-42）。色相环由12种基本的颜色组成，首先包含的是色彩三原色（Primary colors），即红、黄、蓝。原色混合产生了二次色（Secondary colors），用二次色混合产生了三次色（Tertiary colors）。三原色在色相环中的位置是平均分布的。

二次色所处的位置是位于两种三原色一半的地方。每一种二次色都是由离它最近的两种原色等量混合而成的颜色。三次色是由相邻的两种二次色混合而成。

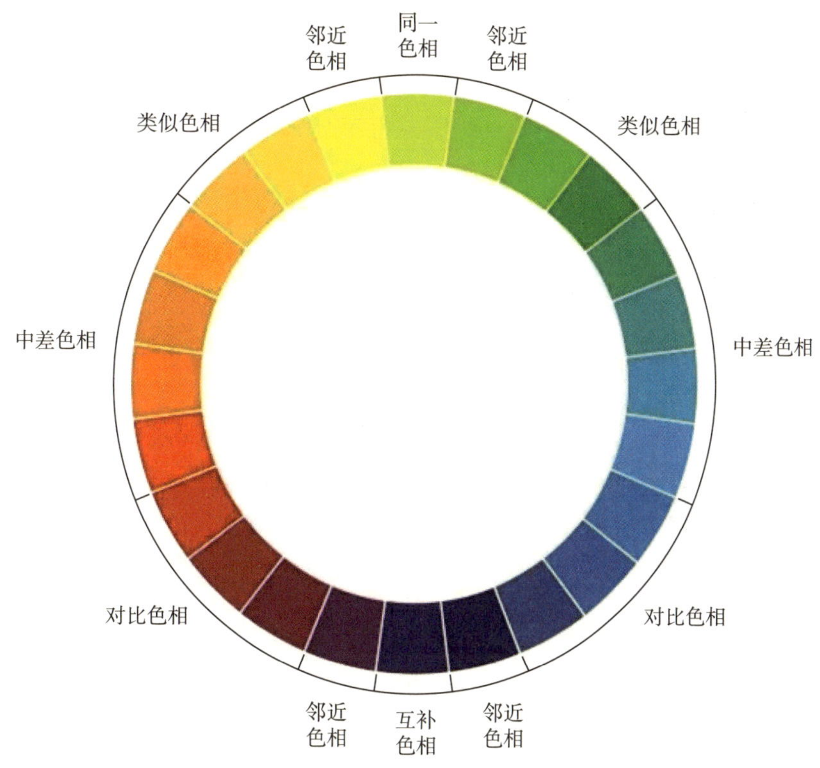


图 4-42　色相环

（三）纯度

色彩的纯度是指色彩的鲜艳程度，我们的视觉能辨认出的有色相感的色，都具有一定的鲜艳度（如图4-43）。色彩可以用四种方法降低其纯度。① 加白，纯色中混合白色，可以降低纯度、提高明度，同时各种色混合白色以后会产生色相偏差。② 加黑，纯色混合黑色既降低了纯度，又降低了明度，各种颜色加黑后，会失去原有的光亮感，变得深沉、幽暗。③ 加灰，纯色混入灰色，会使颜色变得浑厚、含蓄。相同明度的灰色与纯色混合，可得到相同明度、不同纯度的含灰色，具有柔和、舒缓的特点。④ 加互补色，纯色可以用相应的补色掺淡。纯色混合补色，相当于混合无色系的灰，因为一定比例的互补色混合产生灰，如黄加紫可以得到不同纯度的灰黄。如果互补色相混合再用白色淡化，可以得到各种微妙的灰色。

图 4-43　纯度

## 三、色彩的对比

对比是广告中常常用来划分主次的重要手段。画面中任何一种视觉元素都能拿来作对比，其中也包括色彩。色彩对比产生的反应，很大程度上要优于其他元素所能达到的，因为一个广告最能吸引人们注意力的就是色彩。

图 4－44　芬达汽水广告

（一）色相的对比

色相对比就是将两个色相存在差异的物体进行对照，这种手法往往会刻意减少被突出物体在画面中的色块区域，从画面比例和色相上的巨大反差来塑造广告的中心主体。

图4–44利用蓝色背景与主体物的橙色形成色相上的对比，使观者的视线集中在画面中心，突出产品宣传效果，加深观者对品牌标志的记忆和理解。

（二）明度的对比

明度对比即颜色在深浅上的对比。明度的高低使画面中的物体在视觉上产生了轻重的差异，增加了画质的层次感。

图4–45利用剪纸形式，剪下泰晤士河沿岸地标的纸质轮廓，为伦敦的河船服务做广告。不同明度的蓝色表现出二维空间中的层次感与纵深感。

（三）纯度的对比

众所周知，纯度高的色彩光鲜艳丽，纯度低的色彩晦涩暗淡。图4–46在色彩中运用纯度对比，使鲜艳的元素成为画面的重点，作为局部刻画的灰色调人物被恰当地沉淀到背景中。

通过“Highlight the Remarkable”的主题活动，德国钢笔制造商Stabilo将黄色荧光笔的简单笔触重点牢牢地锁定到隐藏在每一幅黑白画中默默无闻的杰出女性身上：美国宇航局数学家凯瑟琳·约翰逊、美国第一夫人伊迪丝·威尔逊和奥地利裔瑞典物理学家莉丝·迈特纳，激励世界各地的女性。荧光黄色与黑白画面的纯度对比，突出广告想要传递的重点。

（四）补色的对比

最基础的互补色为红配绿、蓝配橙以及紫配黄，互补色本身就具有强烈的对比性，而在广告中，这种色感的差异更是为突出主题发挥了积极的作用。在画面中适当地调配补色的比例，可使整体层次更加丰富。

图4–47在色彩上选择了明度与纯度较高的红与绿作为搭配，橙色在画面中起到中和作用，使画面给人非常醒目、活泼的感觉。将产品的品牌主色作为包装色彩的一部分，并采用拟物的表现形式，给人非常轻松、休闲的感觉，十分契合广告的食品主题。

图 4－45　伦敦交通局广告

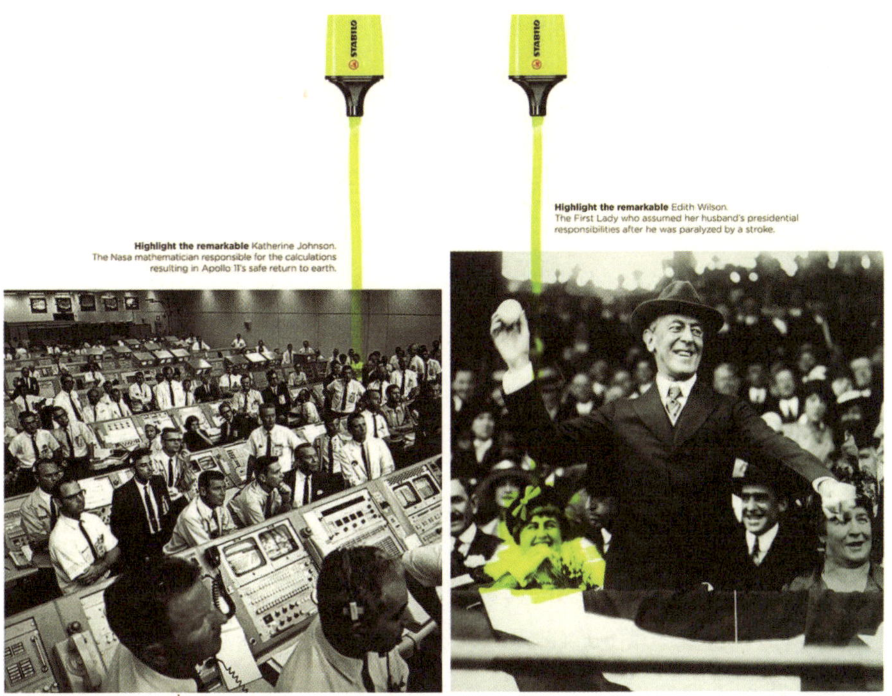


图 4－46 德国钢笔制造商 Stabilo 的 Highlight the Remarkable 主题系列广告

### （五）冷暖的对比

色彩的冷暖对比基本可以理解为色性的对比。花花绿绿的广告画面中总有一个倾向性的色调，使画面整体看起来更纯粹。通常，以冷色为主的画面显得盛气凌人，使人产生被逼迫的感觉。当画面融入一定比例的暖色调，冷色秉持的锐气就会被削减不少，画面的色彩氛围也会变得十分融洽。

图 4–48 中暖色调橙色图形作为烟花的图形意向，在蓝色的背景之上，使画面的色彩氛围十分温馨热闹。

图 4－47 KitKat 巧克力广告

图 4－48 Barilla 意大利面广告

## 四、色彩的调和

调和和对比都是以维持画面美感为目的的，但调和是对比的反面。色彩调和是抑制画面中对比过分突出的一种手段，它将对比产生的刺激钝化，使整个画面的色彩得以均衡。

### （一）同类色的调和

同类色是指单一色相系列的色彩（分布在色相环0°～15°夹角内的颜色），它们色相性质相同，但有深浅之分。同类色的色调较为单纯，在大体协调的色感下有一定微妙的差别。

图4-49满版面的同类色给人清爽、跳跃的视觉张力。同类色色调深浅的渐变，形象地表达出两种不同口味的糖果。画面运用放射状的构图方式，表现出糖果中盐和胡椒的爆炸口感。

### （二）类似色的调和

类似色相较同类色来说范围更广，是指分布在色相环上30°～45°夹角内的颜色。类似色的变化相比之下更为丰富，这样看来，类似色在保持画面协调统一的同时也不乏活力。

图4-50大量采用类似色，通过类似色之间色彩深浅的微妙变化使画面层次更加丰富，整体风格协调统一。其中少量的暖色增添了画面的活力。版面的图形及文字元素采用手写体文字围绕主体物的方式，画面十分富有生机感，形象地表现出这是一款浓郁的热带水果口味饮品。

图4-49　Halls Zatang 糖果广告

图4-50　Natur 饮料广告

### （三）对比色的调和

对比色在视觉上给人一种有明显区别的感觉，分布在色相环上大于等于120°且小于等于180°的位置。广告中运用调和对比色时，画面会呈现出饱满华丽的效果，并且避免了过于夸张的色彩对比造成的审美疲劳（如图4-51）。

对比色中最刺激视觉神经的要数互补色了，它们是位于色相环上180° 对称位置的两种颜色。广告中常常用互补色来增强画面的视觉冲击，但一味追求刺激感的广告很容易给观者带来视觉疲劳，因而设计者们通过在纯度或明度上调和，将这种冲击大大降低，使视觉舒适。

图 4-51　上海贵酒城市地标视觉巡游系列广告

## 五、广告色彩心理

广告既要满足顾客的要求，也要迎合广大消费者的口味。色彩作为进行广告宣传的前驱者，更应当精准地把握消费者的心理需求。一般来说，广告色彩对消费者具有引导作用，因为颜色是观者识别广告的首要元素，通过色彩的指引，消费者将更乐于接受广告的主题信息。

色彩在广告视觉识别系统中扮演着极其重要的角色。每件商品都有其独特的地方，通过色彩，可以比较真实地反映该商品独一无二的特质。正是由于色彩的高识别性，许多企业或品牌都设立了能代表自身特点的形象色，并以色彩这种直观的方式，方便消费者识别广告资讯。

### （一）色彩不同的性格特征

情绪有喜怒哀乐，味道有酸甜苦辣，色彩亦会使人有诸如此类的感觉。每个人因经历的不同而有不同的色彩感应，因而对色彩产生的感觉也不可一概而论，色彩对人们心理的影响大致分为两种：一种是情绪上的，比如喜悦、悲伤或压抑，这类色彩有时也被运用在玩具广告中，通过明朗轻快的色彩营造出欢乐的画面场景；另一种是技能上的，比如冷暖、硬柔或酸甜苦辣，这类色彩被广泛地运用在食品广告中，通过色彩的感染力令观者产生味觉上的联想，从而达到宣传产品的目的。

#### 1. 红色

红色鲜艳而热情，在人们的观念中，既代表了喜庆、好运，也容易让人联想到血液与危险。红色常常出现在节日或典礼上，也被应用在警戒告示中，代表危险、紧急。

图4-52以画面垂直中轴线为对称轴，给人均衡的、直观的视觉感；版面采用大面积的红色，标志性的配色让读者一眼看过去就能联想到葡萄酒的颜色，起到了宣传品牌的作用；通过摄影的方式将红酒杯与搭配葡萄酒的食物进行组合，给人一种热闹的氛围感与满满食欲感。

#### 2. 橙色

橙色活泼而充满朝气，具有黄色的明朗，也兼顾红色的热情。橙色是果实成熟的颜色，象征庄稼的收获，让人感到安心、亲切，带着阳光般的温情。

图4-53中大面积的橙色，让人联想到丰盈的果汁和温暖的阳光，设计者将制作饮料的果实堆砌形成

图 4－52　红酒广告

图 4－53　果汁品牌 Tropicana 广告

饮料包装瓶的图形，直接地表达出饮料成分的天然、新鲜、营养。果实的颜色在版面中色调最深，形成了版面的视觉重心，加深了该饮料在受众心目中的记忆。

### 3. 黄色

黄色明亮而纯洁，使人联想到阳光与沙滩，象征着欢乐与活力，同时黄色又被赋予了浪漫与天真，具有较高的识别度，能有效地引起他人的注意。黄色是树叶枯萎的颜色，因此也象征着秋天。

图4-54中设计者使用黄色作为该婴童产品的品牌主色调，让人产生温暖、天真的情感联想，配合具有亲和力的IP形象设计，增强品牌的亲切感。

图 4-54　婴儿品牌亲润产品

### 4. 绿色

绿色承接了黄色的爽朗与蓝色的冷静，是自然界万物中最原始的色彩。绿色象征着和平、新鲜与生命，也常常给人带来安全感；绿色是植物应有的颜色，它能平衡人躁动的心境，易于被人接受。

图4-55中草绿色背景和新鲜蔬菜的颜色在色调上实现了统一，又在深浅上富有变化，起到了很好的凸显主体物的作用，展现了有机农场中食物的天然、新鲜。

### 5. 蓝色

蓝色是纯净与理智的，它与鲜艳的红恰好相反。深蓝代表忧郁的心情，浅蓝干净而纯粹，它是属于天空、大海的颜色，辽阔而宁静，容易让人产生清澈、远离世俗的感觉。

图4-56中蓝色的水波背景让人自然而然地想到大海，产生了清澈、辽阔和宁静的感受，不同明度变化的蓝色产品与背景产生简约高级的质感。

### 6. 紫色

紫色浪漫而神秘，优雅中带着几分骄傲，从前西方许多贵族的服饰都以紫色为主，浅紫显得名贵而高不可攀，深紫则有种深邃的浪漫，神秘而有魅力。

图4-57中设计者采用高纯度的紫色背景色与巧克力图形配合，使画面表现出浪漫、迷人、优雅的视觉效果。

图 4－55　Lāfarm 广告

图 4－56　Biotherm 产品广告

图 4－57　吉百利巧克力广告

### （二）色彩心理差异成因

产生色彩心理差异的原因很多，如人们的性别、年龄、性格、气质、健康状况、爱好、习惯等。此外每个国家、每个民族的生活环境、传统习惯、宗教信仰等存在差异，因此产生对色彩的区域性偏爱和禁忌。

#### 1. 色彩的民族特征

色彩设计大师朗科罗在“色彩地理学”方面的研究成果证明：每一个地域都有其构成当地色彩的特质，而这种特质导致了特殊的具有文化意味的色谱系统及其组合，也由于这些来自不同地域文化基因的色彩之间不同的组合，才产出了不同凡响的色彩效果。从时间来看，脆弱的人类由于外界恶劣的环境而本能地渴望掌握征服环境的技术，以求得安全感。随着时间的推移，民族发展成部落，部落组成部落联盟，成为民族的最初形态。而这些在相同环境中生活的人群慢慢形成相似的生活习惯和生存态度。这种态度逐步演变成某种约定、规范，最终积淀下来，产生了民族的习惯。色彩的特殊意味是在本民族长期的历史发展过程中，由本族特定的经济、政治、哲学、宗教和艺术等社会活动凝聚而成的，具有一定的时间稳定性。从空间来看，这种文化意味是特定民族的经济、政治、宗教和艺术等文化与民族审美趣味互相融合的结果。在一定程度上这种色彩已经成为该民族独特文化的象征。研究民族色彩要从下面几个方面研究：自然环境因素、经济技术因素、人文因素、宗教因素、政治因素。

以自然环境因素为例，人类的祖先对某种色彩的倾向最初是对居住的周围环境进行适应的结果，一切给予他们恩泽或让他们害怕的自然物都会导致他们对这些自然物的固有色彩产生倾向心理。如生活在黄河流域的汉民族对黄土地、黄河的崇拜衍生了尚黄传统，并把中华民族的始祖称为黄帝，这是因为黄帝是管理四方的中央首领，他专管土地，而土是黄色的，故名黄帝。

此外，自然环境变迁也会导致民族色彩崇拜的改变。最典型的例子就是纳西族色彩信仰有多次重大变化，纳西族最初尚黑，后来纳西先民纷纷南迁，唤起了白色意识，最终形成纳西族特有的“黑白二元”色彩文化。

意大利人喜好浓红色、绿色、茶色、蓝色，讨厌黑色、紫色。沙漠地区到处是黄沙一片，那里的人们渴望绿色，所以对绿色特别钟情，这些国家的国旗基本上都是以绿色为主色调。挪威人喜好红色、蓝色、绿色等鲜明色。丹麦人喜好红色、白色、蓝色。在日本，随处可见青山绿水，“青”在日本人审美意识中占据重要地位。日语中“青”一词包括青、绿、蓝、灰。同样“白”也是日本文化推崇的干净纯净的色彩。受到这一色彩观的影响，日本的许多设计师都热衷于运用体现自己国家和民族色彩的颜色。

红色是中华大地上的人们最喜欢的颜色，在千年的流传运用里，它俨然成为中国的象征色。在重要事件、场所中，它象征庄严、尊贵、权威；在婚庆喜事中，它象征喜庆、吉祥；在传统节日中，它象征吉利、驱邪镇妖；在日常运用中，它象征阳刚、热烈、浓郁、美好。红色深入每一个中华儿女的心髓，是灵魂里一分安定的力量，从信仰和文化的角度给予生活一分有来源的信心和力量。例如以卓越和传统闻名的香港芭蕾舞团发布的以Never Stand Still为主题的广告，由Design Army设计，打破以往人们对芭蕾舞略带距离感的印象，以红色为主色调，在中国元素中加入超现实感（如图4–58）。

图 4－58　香港芭蕾舞团创意广告

2. 色彩的性别特征

男性性格一般较为冷静、刚毅、硬朗、沉稳。他们喜好的色彩一般多为冷色，喜爱的颜色大致相仿，色调集中褐色系列，并且喜好暗色调、明度较低的中纯度色彩，但同时喜欢具有男性有力特征的、对比强烈的色彩，表现其力量感。

图4-59中主体为成熟的男性形象，深邃的眼神吸引人驻足观望。另外版面使用了明度较低的蓝色，色彩暗淡，将人物的形象凸显出来并与人物眼睛颜色相契合，体现出男性的冷静、刚毅、硬朗、沉稳，迎合产品的受用人群。

女性性格一般较为温婉，通常喜好表现温柔和亲切的、对比较弱的明亮色调，特别是纯度较高的粉色系。女性喜爱的颜色各不相同、色调较为分散，但大多为温暖的、雅致的、明亮的色彩。紫色被认为是最具有女性魅力的色彩。

图4-60在画面色彩的选择上倾向于迎合女性消费者，采用迷幻而不失雅致的紫色，让人产生嗅觉上的联想。

图 4－59　CHANEL 香水广告

图 4－60　Calvin Klein 香水广告

### 3. 色彩的年龄特征

不到一岁的婴儿，由于视网膜没有发育成熟，大都喜欢柔和明亮的色调。儿童性格活泼，充满好奇心，对红、橙、黄、绿这类鲜艳的纯色色调很感兴趣。青年人喜欢的色彩跨度很大，从充满活力的纯色到强壮有力的暗色，都是年轻人喜欢的色彩。一般城市里的年轻人偏爱成熟理性的冷色。中年人更期待宁静、恬淡的生活氛围，喜欢稳重、恬淡、温和的色调。老年人期待健康、喜庆、热闹，因此喜欢平静、素雅的色彩和象征喜庆的红色。

图4-61作为购物中心周年庆的广告海报，用卡通的人物形象与高饱和度的颜色表现出浓浓的童趣感和热闹感。

图 4－61　野田阪神购物中心广告

### 4. 色彩的性格特征

人们由于性格类型的不同，对色彩的喜好和心理感受是不相同的。一般性格外向、活泼的人喜欢明亮的高纯度、对比强烈的色调。性格内向、沉稳的人一般喜欢纯度低、温和的色调。最典型的例子就是中国京剧脸谱。京剧脸谱大致分为红脸、黄脸、黑脸、白脸、蓝脸、绿脸等，不同色调的脸谱表达了不同人物角色的性格、社会地位等信息，以及观众对角色的理解和评价。如黑色表示刚正和勇敢，红色表示忠义、勇猛、热心肠等。

图4-62中，生、旦、净、丑四种不同的戏曲人物用不同的脸谱色彩和装扮区分，表现出不同角色性格的差异。

图 4-62　大宁戏曲节广告

## 六、色彩三元素在广告设计中的应用

色彩对比能够产生鲜明的画面效果，在广告设计中利用色彩的色相、明度、纯度可以打造出别具一格的画面效果，对广告主题的表达起到推波助澜的作用。

图4-63 雀巢咖啡广告

### （一）色相在广告设计中的应用

#### 1. 单一色相

在原始的艺术创作中人们倾向于用单色来表现，这种设计观念源于人们对生活经验的反映，人们想通过单一的色彩来表现对生活的追求和态度。利用单一色相的不同明度及纯度的变化，能够创作出具有强烈视觉冲击力的画面图形，这种图形效果在统一的色调中不但有层次的变化，还能传达出设计师独具匠心的设计理念和浓重的设计情怀。

单一色相具有单纯的表现能力，能够给人比较鲜明、浓烈的色彩感受。这种体验源于人们对生活的认知：蓝色给人清新、透彻、干净的感觉；绿色给人生机、活力、和平的感觉；红色给人温暖、热情、喜庆的感觉等。

图4-63采用居中的构图形式，画面为破壳而出的咖啡豆，表现咖啡新鲜的烘焙口感，并与文案"Happy Easter"的节日气氛相契合。色彩上整体采用明度较低的暖棕色，烘托出温暖、香浓的产品主题。

#### 2. 多种色相

色相的相互融合能够展现出五彩斑斓的色彩效果，起到吸引注意力的作用。在大多数的广告设计作品中，多种色相的广告最为常见，它展现了色彩的丰富性和统一性，符合当代人们的审美需求。色相组合具有一定的规律，利用差异明显的色彩能够表现出不同的风格效果，如邻近色用来表现含蓄、平缓的感觉；类似色表现淡雅、清新的感觉；对比色表现明快、强烈的感觉；互补色表现烦躁、急切的感觉。在广告设计中，要根据广告所要宣传的主题进行合适的色彩组合。

图4-64 Nike广告

图4-64中使用了绿、橙、黄、红等多种高饱和

度的颜色，并用这些颜色的色相相互组合使运动场地和品牌标志结合，高纯度的色彩在低饱和度背景中显得十分夺目，多种色相的组合方式亦能突出运动品牌产品的调性。

### （二）明度在广告设计中的应用

#### 1. 高明度配色

高明度配色就是使用接近白色的色彩进行的色彩组合，这种配色整体感觉鲜亮、明快、活泼和清新。高明度的配色也能产生轻柔、优雅、含蓄的感觉。这种配色也是由高明度色彩组合而成的，但是它的程度比较低，也在高明度的范畴内，只是配色在视觉感受上没有明度略高的色彩那么显著，因此在表现上显得含蓄柔和。

图4-65中将多个色相、高明度色彩的字体进行重叠，表现出工作坊对字体设计实验的积极探索与学习，展示出活力、明快之感。

图 4－65　杉崎真之助设计讲座海报

#### 2. 中明度配色

中明度配色主要采用中调区域的色彩进行组合，中调就是黑白之前的区域，这个区域既不明亮、刺激，也不深沉、灰暗，在表现上灵活性更强。一般情况下，中明度色调给人平和、含蓄、丰富、朦胧的感觉。中明度的配色由于明度的差异性也会产生不同的心理效果，如明度偏强会给人强劲、健硕的感觉；明度适中则给人含蓄、朴素的感觉；明度偏低给人模糊、神秘的感觉。

图4-66通过C形构图，由远及近地有层次地展示文物。画面中整体色彩统一，为中明度色调，不同明度的蓝绿色给人以雅致、含蓄之感。

图 4－66　东京出光美术馆宋瓷特展海报

#### 3. 低明度配色

低明度配色主要采用接近黑色的色彩组合，由于明度很低，视觉效果不明显，画面往往给人压抑、厚重、深沉的感觉。

从图4-67的文字信息可以看出，该快递广告的主题是“给妈妈多一点爱”。低明度的暗色背景给人孤独压抑的感觉，在此之上是较高明度的色彩对比，表示年轻人独自在大城市，在与妈妈的远距离相处中，应给予妈妈更多的关爱。

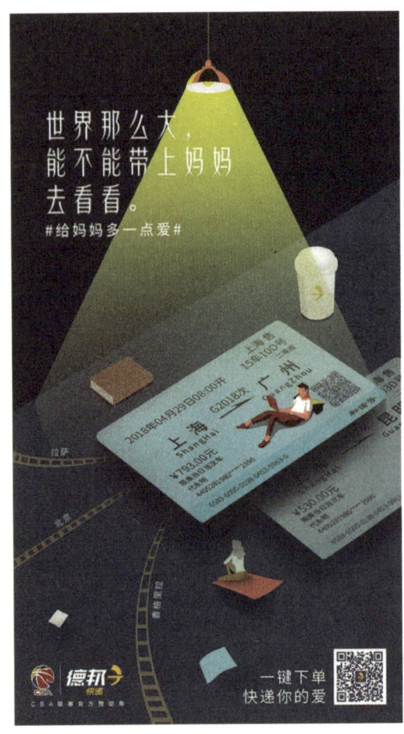

图4－67　德邦快递广告

## （三）纯度在广告设计中的应用

### 1. 高纯度色彩

高纯度色彩的饱和度和鲜艳度偏高，因此，高纯度色彩在视觉和心理上都能引起一种新鲜、刺激的感觉，在广告设计中构成的图形会脱颖而出，格外引人注意。画面背景大面积使用高纯度色彩，这样画面的色彩基调就会得到确定，主体图形只要一块小面积的点缀就会光彩夺目。一般情况下背景颜色要与广告所要宣传的产品或服务是统一的。以食品为例，如大面积高纯度的黄色或橙色可表现出食品的可口、甜蜜；大面积高纯度的紫色可以用来表现食品的酸甜等。

图4-68在黑色背景之中，将高纯度的色彩运用在主体文字信息及笔画中，突出表现在沉重深刻的事件背后鼓舞人心的决心与意志。

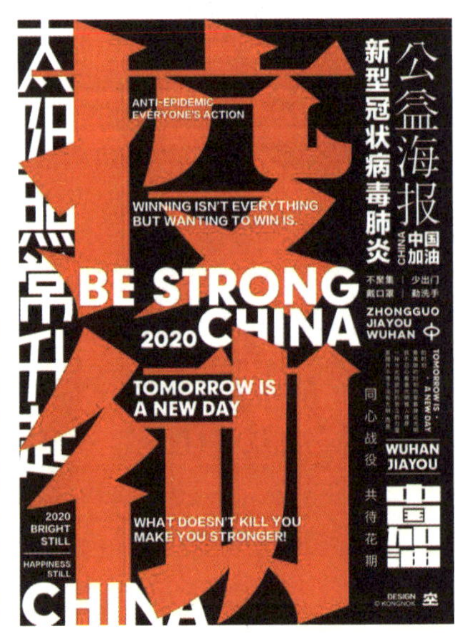


图4－68　抗疫海报

### 2. 中纯度色彩

中纯度色彩不灰不艳，饱和度适中，给人很强的视觉适应性，因此在表现上具有很强的自由度和灵活性。中纯度色彩在空间感和层次感的表现上也很出色。人类在漫长的进化过程中，大多数时间是面朝黄土背朝天进行劳作，面对的大多数是中纯度的蓝色和低纯度的黄色，在日常生活中也大多以这两种纯度为主，这样的配色给人的感觉自然也是舒适的、流畅的、自然的。

图4-69中的中纯度色彩的搭配表现出画面中图形元素的层次感，结合排版设计中的方向性，营造出将传统文化接力传承下去的使命感。广告中手写的黑色字体则表现出传统文化的质感。

图 4－69　宜兰传统艺术园区文化活动海报

### 3. 低纯度色彩

低纯度的色彩由于饱和度较低，与其他色彩产生的对比较弱，所以能够和很多色彩进行搭配，表现出层次的丰富性。低纯度色彩除了可以打造丰富的画面效果，其本身也具有低调、含蓄、高雅的性格。低纯度的色彩在广告设计中的应用主要取决于广告的特点，对于宣传具有淳朴特点的产品和历史悠久的酒品广告，其较为适合。

图4-70以“饮食国潮”为主题，重新构建新的饮食文化场景，以东方年轻人的态度，围绕饮食文化进行艺术再创造。画面版面以低纯度的配色为主，给人含蓄、高雅的视觉印象，非常具有美感。版面以重叠的字体作为广告主体元素，增加了画面的层次感。

图 4－70　“饮食国潮”主题广告

## 七、广告设计中的配色规律

不同的色调留给消费者的印象也不同，广告色彩的调配应考虑两个方面，一是广告主题的需要，二是消费者对色彩的心理反应。

色彩能使人产生情绪上的喜悦，也能使人产生机能上的冷暖强弱，在广告中，色彩起着引导观者情感的作用。由于广告主题的不同，需要色彩营造的方向自然就有了差异。由此可见广告的配色首先要符合主题，即考虑画面色彩对消费者的心理影响；其次从审美上看，画面要有明确的色彩主调，颜色的搭配要自然协调，使广告达到最佳的宣传效果。

### （一）把握色彩基调

所谓色彩基调就是画面中呈现的整体色彩倾向。简单来说将不同的色彩通过适当的搭配形成统一、协调的有机结合后，其中起主导作用的色彩就是这个画面的基调。在广告中，色彩基调就是整个画面的“表情”，它将这则广告整体的色彩印象留给消费者。

作为一个年轻化、科技化和国际化的中国新茶饮连锁品牌，喜茶集聚中国文化传统与创意创新于一体，专注于呈现来自世界各地的优质茶香，开启了新式茶饮风潮，让茶饮这一古老文化焕发出新的生命力。图4-71的设计者根据品牌调性与产品原料，使字体颜色与画面内容和食材相契合，在现代审美下的版式设计中体现了中式茶饮禅意、风雅的画面效果。

图 4-71 喜茶海报

### （二）对比与均衡

色彩的均衡就是画面中的色彩在明度、纯度、色调上呈现的一种稳定感，而色彩的对比继续利用色彩相互的差异性来刺激人的视觉，有些设计者为了追求画面的平衡感而使用大量的均衡色，这时自然需要一点对比色来提升广告的亮点，使画面色彩维持在一个和谐的状态。

图 4-72 泥滩地浪人《秋虎祭》专辑海报

泥滩地浪人《秋虎祭》专辑海报（如图4-72）的视觉设计表现出不同地域的民俗文化，设计师将其呈现在仿俗艳荧光的粉红廉价命相纸上，与符咒图样、文字排版形成强烈的对比。设计取材于古籍木刻版画，封套上的“骑虎仙人”以张天师神符版画为原型，仙人头戴航天员头罩与3D眼镜、手持Jug Band乐团的灵魂——陶罐，是我国台湾本土宫庙文化与欧美60年代的复古未来主义混搭碰撞出的华丽又极具生命内涵的“台式复古未来主义”美学。图文结构呈现出浓厚的民俗宗教色彩，对比冲突之中不失和谐。

在许多广告作品中，视觉主题物的色彩间在色相、纯度、明度等方面有明显的视觉差异感，通过这种色彩对比来营造别具一格的画面效果。但过于刺激的画面容易产生视觉疲劳，这时设计者会运用一些艺术手法来减缓色彩的冲击力，从而使画面变得相对舒适、平缓。

### （三）掌握节奏

色彩的节奏是指画面中的色彩整体偏向于某种特殊的色调属性，通过对这种节奏的调控来完成对画面色调的一体化。设计者通过色彩的节奏感来明确广告色彩的指向性，比如家具广告要营造温馨的气氛、食品广告要展现美食的甜美等，通过掌握节奏来加强广告的诉求能力，使其主题内容达到最行之有效的宣传效果。

色彩的节奏同时也是指色彩的明度、纯度等要素在画面中呈现的有规律的变化。对于节奏的理解可以是一个人对色彩的审美习惯，广告的色彩美感具有主观性和可变性，设计者通过对色彩节奏的充分理解，做到与消费者的审美节奏合拍。

图4-73设计主题是“听什么歌都像在唱自己”，广告内容主要针对网易云音乐App用户群体——漂泊在外的年轻人群，表现音乐能抚慰人心的功用。因此画面色彩中采用冷暖色对比的形式突出画面节奏，起到契合用户心理的效果。

图4-73　网易云音乐App广告

### （四）突出强调

一般情况下，每个广告都有其深刻的象征意义，而色彩就是传递这种信息的媒介。设计者通过对某种色调的大量使用来刻意营造表现广告主题的氛围，达到强调画面意境的效果，使广告深入人心。

图4-74以篆书为视觉主体，笔画方整，转折圆润，结体顾盼相生，尽显篆体之美，在中纯度色调的图像背景上，直观凸显讲座活动的主题内容。

强调画面的色彩除了能刻意制造某种特定氛围外，还能为商品的某种性能服务。简单地说，设计者通过强化画面中的某种色彩，使其与产品的某项卓越性能相呼应，在刺激消费者视觉的同时，与其相对应的产品资讯也能更直接地传达给消费者。

图 4－74　知美学堂系列海报

图 4－75　乌镇戏剧节海报《如笋新生》

### （五）灵活渐层

色彩渐层也指色相或明度之间的过渡性改变，渐层色是柔和晕染开来的色彩，从明亮到灰暗，或由深及浅，许多设计者通过灵活运用渐层色来凸显主体物的卓越质感。

色彩的渐层是一种有规律的变化，设计者利用它的这种特性来营造具有运动感的画面。通过某种颜色的渐层阶梯增强色彩的表现力，可使画面的视觉元素充满律动之美。

图4-75整体以苍翠的绿色为主调、水波为背景，渐变的光束寓意“戏剧的世界有光”，充满生命力的新笋也呼应戏剧节的主题。

**实训项目：**商业广告设计。

**项目内容：**学习本章理论知识，根据学习的内容进行归纳总结，并对广告中的图形元素、文字元素、色彩元素综合运用进行商业广告设计练习，突出商业广告的品牌特点。

**训练目的：**通过对广告设计中各要素的应用，传达广告的主题意义和内涵，体现企业和产品的特点，了解实际广告设计中各要素具体的设计方法，理解广告设计中必不可少的组成部分，培养形象思维。

**训练要求：**充分表现该品牌的文化内涵，针对市场定位进行创作；体现商业广告的特点，打破常规思维，进行多样化的创意构思；文字、图片、色彩编排合理，充分体现商业广告的主题，突出商业广告的品牌特点和品牌理念；可以手绘创意草图3～5套，选择其中一套方案采用电脑软件设计，表现形式不限。

## 延伸阅读与参考资料

1. 陈根. 广告设计：从入门到精通［M］. 北京：化学工业出版社，2018.
2. 刘琼. 广告设计原理与实践［M］. 北京：印刷工业出版社，2012.
3. 杨海军. 中外广告史新编［M］. 上海：复旦大学出版社，2009.
4. 程亚鹏. 平面广告创意设计［M］. 北京：北京大学出版社，2016.

# 第五章 广告版面设计

**教学目标：**通过对广告版面设计的讲解，要求学生理解广告的视觉流程，熟悉广告的编排设计原理，具备分析解读广告版面编排类型的能力，掌握广告版面编排的技巧，在广告设计编排中能够灵活运用，有效地表达设计理念。

**教学重点：**理解广告的视觉流程，掌握广告版面的编排技巧。

**教学难点：**掌握广告版面的编排。

## 第一节 广告的视觉流程

视觉流程简单来说就是受众在广告版面中浏览信息的先后顺序，即视线的运动轨迹。基于人眼视域的有限性，人们在阅读时不能一次全部感受视线范围内的所有物象，必须按照一定的视觉先后顺序进行浏览。所以设计师可以借助人眼的特点进行“干预”，也可以理解为视觉浏览规划，具体来说就是将版面中的图形、文字、色彩元素根据广告主题进行合理编排，使之符合受众的阅读习惯，从而引导受众按照设计者设计的版面视觉流程来阅读信息，从而达到高效传达信息的目的。

视觉流程在广告设计版面中有着重要的作用，视觉流程运用的好坏，是设计者技巧成熟与否的表现，同时也会影响到广告内容的传播。

### 一、如何建立视觉流程

#### （一）基于视觉习惯

有研究表明，人眼的视觉习惯是有一定规律的：人们视线的浏览顺序是从左至右、从上至下。这是由于人们眼睛的水平运动比垂直运动快，因此在观察事物时会先注意水平方向的对象，然后才会注意垂直方向的对象。同理，人们会对版面中居于左上方位置的对象优先关注，而版面中居于右下方的对象要优于左下方的，因此，我们在进行广告编排时可以优先考虑将版面中的重要信息放置在左上或者右下区域，以符合人们的视觉习惯。

### （二）基于对比

人们的视线会依据视线刺激的强弱程度而逐次移动，视线总是最先关注到视觉刺激最强的物象，然后其余要素从强到弱依次流动，形成一定的视线运动顺序。视觉刺激强弱主要依据对比的方式，从对象的形状、大小、方向、色彩、虚实、疏密等对比关系中获得，同时也可以借由对比的强弱丰富广告画面的层次感与冲击力。版面中视觉刺激最强的区域就形成了人们最关注的部分，层次感则形成了观者接受信息的先后顺序。

### （三）基于视觉中心

视觉中心是指人们的视线在一个版面空间中的视觉中心点，是在几何中心偏上方的位置，这一区域是我们视线感知到的版面中最黄金的位置，如同我们今天所说的“C位”一样。如果我们希望广告作品的核心内容最先被受众看到，可以将重要信息安排在这个最佳视域里，再把其他次要信息按照一定的逻辑关系与形式美感进行编排，最终就形成了完整的版面效果。

## 二、视觉流程的类型

在广告画面中视觉流程的形成是依靠版面中的图形、文字、色彩的布局来安排的，这个视觉流程在版面中是“隐形”的，所以常常被初学者忽略，而将精力更多投于形式感的营造上，导致版面的阅读功能弱化。经验丰富的设计师常常注重利用视觉流程的规律并将其玩转于版面之中，用设计引导视觉流程，分清设计内容的主次关系，遵循视觉运动本来的规律，使寻常的视觉流程展现出不同寻常的魅力。

### （一）单向视觉流程

单向视觉流程的视线流向直观明了，是一种最简单、最容易掌握的流程方法，运用到广告作品中让广告主题明确，传达速度快，使版面具有简洁有力、视觉冲击力强的特点，适合客观、理性的内容。单向视觉流程又可分为三种表现形式：横向视觉流程、纵向视觉流程、斜向视觉流程。

#### 1. 横向视觉流程

横向视觉流程又可称为水平方向视觉流程，版面中的广告元素按照水平方向做横向编排，引导受众视线沿着水平走向左右移动。横向视觉流程给人稳定、舒适、恬静之感。（如图5-1、图5-2、图5-3）

图 5-1　Koctas 品牌促销广告

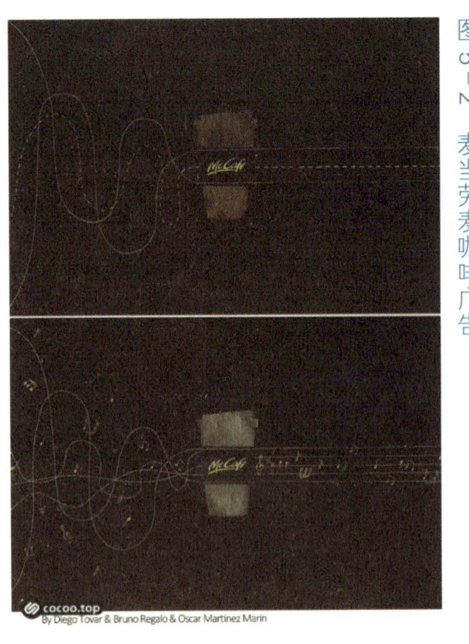


图5-2 麦当劳麦咖啡广告

图5-3 卡朗达什蜡笔系列广告

### 2. 纵向视觉流程

纵向视觉流程又可称为垂直方向视觉流程，版面中的广告元素按照垂直方向做纵向编排，引导受众视线沿着垂直走向上下移动。纵向视觉流程给人坚定、直观的感受。(如图5-4、图5-5、图5-6)

图5-5 Trattoria品牌商品广告

图5-4 Fedex联邦速递圣诞节广告

图5-6 Bramhults果蔬饮料广告

### 3. 斜向视觉流程

斜向视觉流程是指版面中的元素按照倾斜方向做编排，与横向、纵向视觉流程相比更具有动感，具有更强烈的画面表现。根据倾斜程度及方向的不同，其带给受众不同的视觉感受。斜向视觉流程以其不稳定的动势引起观者的注意，一般从左上角向右下角移动，或从右上向左下角移动，经常运用在强调运动感、速度感等题材的广告画面中。(如图5-7、图5-8、图5-9)

图 5-8　Puma 品牌广告

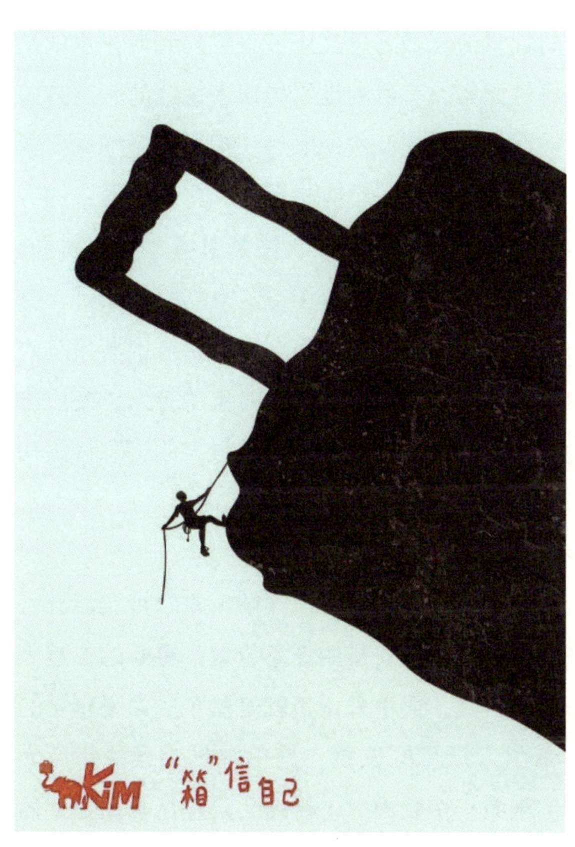


图 5-7　爱华仕箱包平面广告

图 5-9　通用电气广告

图 5－10　麦当劳咖啡广告

### （二）曲线视觉流程

曲线视觉流程是指版面中的元素按照弧线或者曲线进行编排的流程形式，既可以是C形，具有明确的方向感，圆润饱满；也可以是S形，由两个相反方向组合构成，具有弹性和动感。曲线视觉流程与单向视觉流程相比要更为复杂，不如单向视觉流程直观，但曲线视觉流程能使构图变得更丰富，形式感更强，给人以节奏韵律、优雅柔美的感受，能够营造一种轻松随意的阅读气氛。曲线视觉流程与女性的身材和性格特点相似，可以应用在与女性相关产品的广告中。（如图5－10、图5－11）

### （三）导向视觉流程

导向视觉流程顾名思义应该有导向元素，也就是通过诱导性元素，有目的地引导读者视线向一定方向流动，按照信息由主及次的顺序，把页面各构成要素依次串联起来，形成一个有机整体。广告版面中的导向元素有很多，如箭头引导、线条引导、色彩引导、文字引导、数字引导、手势引导、人物眼神引导、身体方向引导、运动方向引导等。设计师可以利用有效的导向元素，结合广告产品消费对象的特点，使广告传播的主题突出、条理清晰，发挥最大的信息传达功能。（如图5－12、图5－13、图5－14）

### （四）重心视觉流程

从广告画面的整体出发来理解，重心视觉流程可以是设计师在版面中安排的任意位置，重心的位置因其具体版面而定，简单来说也就是整个版面最精彩的位置、最引人注目的位置，是指视觉心理的焦点之处。人们观看一个版面时，视线会迅速从画面左上角到中间部分再到右下角，然后回到画面最吸引人的重心部分停留下来，这个部分就是视觉重心。

图 5－11　Vernel 洗衣液广告

在视觉流程上，一种是从版面重心开始，然后顺延主体形象的方向与力度的倾向来发展视线的进程。另一种是用离心、向心的方式形成视觉焦点，视觉元素从中心向四周扩散，或从四周向中心聚拢，也使广告画面具有张力。重心是否突出，和页面图文的位置、色彩的运用有关，同时也与对重心着力描写有关。在视觉心理下，重心视觉流程的运用使主题更为鲜明、强烈，具有稳定版面的效果，给观者可信赖的心理感受。(如图5-15、图5-16)

图5-12 葡萄酒广告

图5-13 巧克力广告

图5-14 灭火球创意广告

图5-15 Sushi fest 广告

图5-16 高露洁牙膏广告

### （五）散点视觉流程

散点视觉流程是一种与前面四种形式完全不同的编排流程，是指版面的图形、文字等内容自由分布在版面中，无主次之分，无规律、无序且随意的形式，观者在浏览时有很大的自主性，视线随意地在画面中游走。散点视觉流程不受传统美学中秩序规律、和谐统一等形式美法则的约束，更加注重个人审美追求和自我设计理念的呈现，也是当今信息时代版面展现多元化表现形式的体现。

散点视觉流程给观者带来自由、活泼、动感、个性的视觉体验，适宜应用在个性化、风格化强烈的产品类广告和以年轻人为主要对象的相关广告版面中。具体而言，在广告版面中可将一个完整的图形或一组文字解散、抽出、混合、拼接，造成其版面流程的脉络复杂甚至无序，但版面往往动感强烈，富有个性、活力和朝气。（如图5-17）

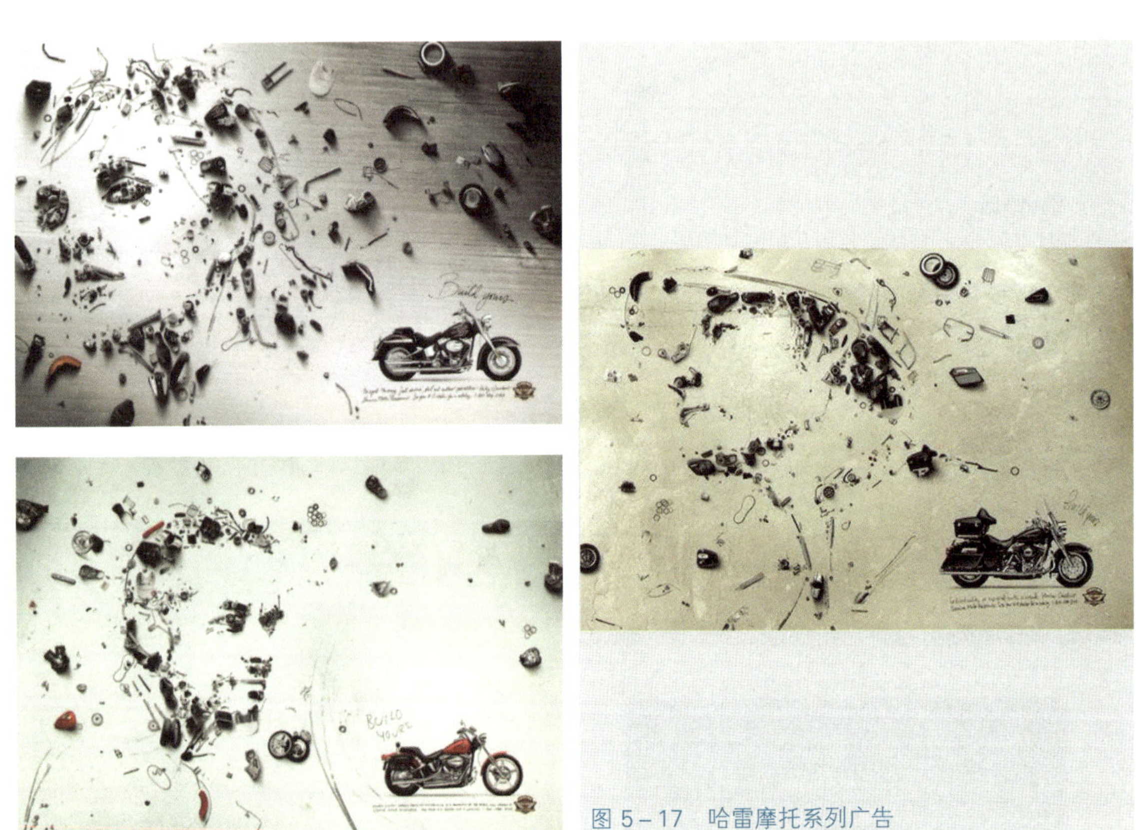

图 5－17　哈雷摩托系列广告

## 第二节　广告的版面编排

广告作品的版面编排对于广告作品本身有着重要的作用，版面编排适宜则使广告作品通俗易懂，主题鲜明，为广告创意锦上添花；相反，广告版面编排不当，视觉流程混乱，就会使广告主题传播受阻，影响受众对广告主题的理解。

广告的版面编排就是确定了广告的创意之后，对广告画面中各种构成元素的布局与安排，既要在编排中遵循形式美的法则，达到各构造要素的均衡与调和，平衡律动、视觉导向及空白虚实等的关系，又要能够恰当地诠释出广告的主题创意，为主题创意加分，使各构成元素之间进行适宜的视觉关联与配置，使这些要素形成和谐统一的广告版面效果，在构成上成为具有活力的有机组合，以发挥最强烈的诉求效果，提供正确而明快的信息。

在当今的社会信息环境中，编排的先决条件是必须从大量的视觉对象中脱颖而出，吸引观者的视线，如果没有引起观众的注意，那么广告作品已经“石沉大海”。所以“被看见”和“被吸引”是广告编排刻意为之而达到的效果，是设计师创造出的一种有序和谐的版面设计，激发观众的注意和兴趣，最后达到传播广告信息，进而刺激其消费的目的。

## 一、广告版面编排的意义

一个成功的广告编排设计，能大大提高版面的视觉冲击力，加强广告的宣传效果，其不可忽略的意义有两点：

### （一）提高广告版面的注意价值

一个广告作品是否成功，可以从广告对观众的吸引程度上进行判断。但凡优秀经典的广告案例，都是具备同样优秀的广告版面编排设计，再精彩的广告创意“点子”也是需要通过视觉版面来展现的。观察经典的广告作品我们发现，究其根本还是版面编排优异，各构成元素之间相辅相成、各司其职，使观众对其版面布局产生美的形式意趣与良好的印象效果。消费者在对广告版面无意识的注意中，能产生不同一般的心理接触效果，有力地捕捉消费者的目光，瞬间产生的第一感觉即能把消费者的目光紧紧吸引在版面上经过有意设计的最具有感染力的主体形象上，以此来激发起消费者的注意和兴趣，变无意识注意为有意识注意。

### （二）加速广告信息的准确传达

做好了版面成功吸引观众的第一步工作后，我们要考虑的问题就是围绕版面的信息层级如何依次传达下去，并且快速有效。具体而言，基于观众的视觉阅读习惯和心理因素的影响，直观明确的图形图像、级别层次清晰并群化组合后的文字、协调的色彩搭配就是传达特定信息的载体，要使它们在组合中有主有从、有轻有重、有疏有密、有曲有直，从而使布局新颖别致，节奏变化有致，视觉流程顺畅，形态清晰悦目，使消费者易于接受、理解，从而迅速地把握信息的内涵，易于记忆。

## 二、广告的版面编排类型

广告的版面编排就是广告画面的构图形式，而构图又是版面编排的关键因素，如同建筑的结构，有了结构版面就有了支撑。而版面的编排又与广告主题和创意有关，不同的广告创意选择不同的版面编排形式，形式为广告主题服务，形式与广告主题相统一。

### （一）标准型

标准型版面是一种基础、直白且画面简单规则的广告版面编排类型。图形图像基本在画面中心位置，居于中上方，版面中其次是标题，然后是品牌标志或者广告说明文字等。

这种编排类型画面元素不会太多，画面直接，简约清楚，观者可以立刻抓住版面传达的核心内容，周围没有元素干扰。版面编排的逻辑与观众的阅读习惯相一致，观众浏览也会自如顺畅，但有时也会觉得这类版面形式过于基础，缺乏视觉冲击力和情感的传达。（如图5-18、图5-19）

图 5－18　口香糖广告

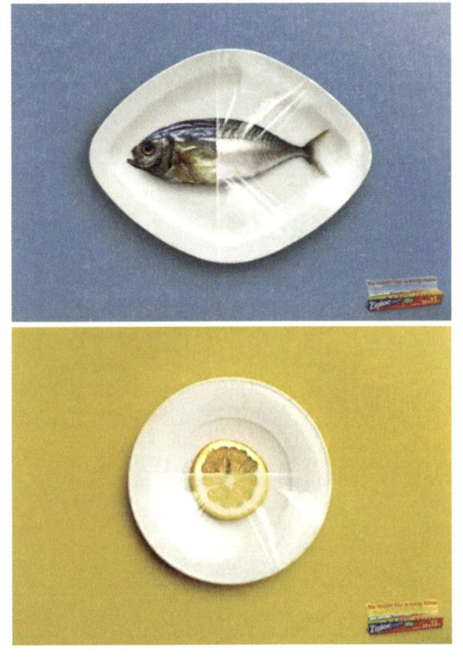

图 5－19　Ziploc 保鲜膜广告

（二）标题型

标题型版面编排就是以标题为主要的策略进行编排，基于观众的习惯，把广告标题放在画面上方或者中上方的位置，标题之下放置图形图像、标志、说明性文字。

这类编排可以让观众第一时间了解广告标题是什么，这样也就了解了广告的内容，因为有时创意的图形图像可能会第一时间吸引受众的关注，但他们不见得立刻就能理解图形图像所传达的含义，而标题放在首位可作为导游，作为画面的先导，然后看到图片获得感性的形象认识，激发起兴趣，进而在版面下方阅读位置安排适当的说明文字和标志图形，使观众获得一个完整的认识。

此种编排类型适用于主题为企业或产品纪念性庆祝活动，或者是强化企业经营理念、提高产品知名度等类型的广告作品中，广告宣传的核心放在标题、主题或广告语上。（如图5-20、图5-21）

图 5－20　Front food 广告

图 5－21　奔驰汽车广告

### （三）中轴型

中轴型版面类型是一种相对对称的构图形式，以垂直线为基准进行画面垂直对称分布，广告标题、图形图像、标志、说明性文字都放在中轴线两边，此时中轴线可以是有形的，也可以是无形的。有形的中轴线会让广告版面过于平衡而相对呆板，无形的中轴线会在保持均衡的状态下更加灵活。

这类编排具有良好的平衡感。在安排构成要素时，需要结合对称形式的优缺点予以合理处理，也要考虑观者的视觉习惯和心理特征。我们在安排中轴线两侧的其他元素时，可以进行大小、方向、疏密、明暗、冷暖的对比，使版面的平衡有变化、有动感。一般我们会把广告的诉求重心放在左上方或右下方，以符合观者视觉流程的心理顺序，使观众的视线由左向右、由上向下展开，抓住商品信息的主要部分，以此来开拓视线流动，获得完整信息。（如图5-22、图5-23）

图 5－22　亨氏调味品广告

图 5－23　Followfish 广告

### （四）斜置型

斜置型版面类型是画面斜向安排各构成元素，视线会随着各元素的斜向分布而斜向浏览。相对其他版面类型，斜置型要更具有动感效果。

这类编排具有斜向的流动感，版面核心元素斜置，其他次要元素依次由核心元素展开，也居于斜向位置分布，整体画面使人感到轻松活泼。但需要注意版面的倾斜角度要适宜，倾斜角度的变化也会影响到观者的心理变化，一般以45° 或者30° 为宜。而倾斜方向无非是向左或向右倾斜，相较而言，版面从左向右稍微倾斜，能增加易见度且富有活力；从右向左倾斜则在视觉上令人有不舒服的感觉。（如图5–24）

### （五）放射型

放射型版面类型是画面呈放射状的结构，视觉元素都统一于放射焦点处，由此展开，具有多样统一的综合视觉效果。这种编排形式感强烈，有很好的视觉表现效果，容易吸引观众的注意，激发受众的兴趣。（如图5–25）

这种编排形式由放射点开始向画面四周或者某一明确的方向展开，那么广告的核心要素放在发射中心，其他次要元素向辐射点展开方向分布编排。但需要注意的是，放射型编排由于本身具有强烈的辐射外向的动势感，显得极不稳定，因而在安排其他构成要素时宜作平衡与点缀，不宜过多地重叠与交叉，以避免破坏构成动势的单纯性，造成视线流动顺序的繁杂和混乱。

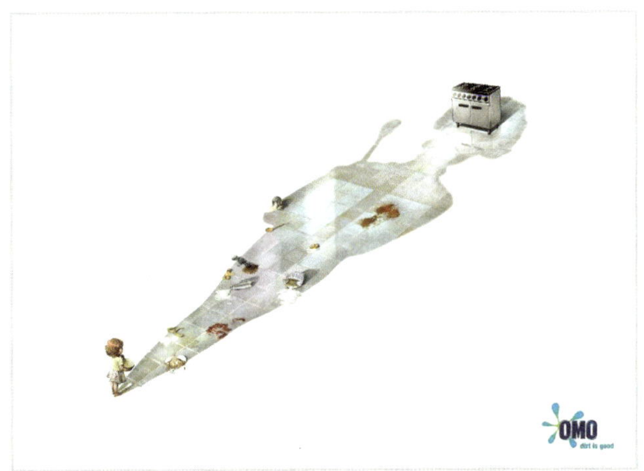

图 5–24　奥妙洗衣粉广告

图 5–25　台湾毛宝洗洁精广告

### （六）重复型

重复型版面顾名思义，是指在广告版面中重复出现某一元素，此元素可以是相同的，也可以是相近的，此时重复的构成元素可以是图形或者图像，也可以是标题等。重复手法的运用其实就是为了增强此元素在版面中的分量，引起读者的注意，具有强调、提示此处是重点的作用，同时，重复出现的元素在安排上做一些变化的设计，如大小、方向、渐变、分布、数量，也可以产生节奏感、跳跃感，增加版面的灵动效果。另外需要注意运用的技巧，宜采用色彩和形式的重复为好，并运用其他构成要素做平衡的调整，以保持视觉的安定感。（如图5-26、图5-27、图5-28）

图 5-26 喜力啤酒广告

图 5-27 大众汽车广告

图 5-28　m&m 巧克力豆广告

## （七）整图型

整图型版面类型是直接以图片为主体，占满整幅版面，作为传达的主体核心。版面中的文字不多，放置在图片上，主要以图片本身的内容为主要传达重点。图片可以是刻意营造的一种场景，或者怪异、有趣人物或者动物形象，也可能是通过数码技术刻意制作出的一种非现实场景等，用图片本身的视觉直观的表现去引起观者的注意，所以文字在此类版面中不宜过多，图片的感染力大于文字。

此种版面形式非常具有现代感，直观且形象，但如果图片的艺术表现一般就会影响广告的传达效果，整版图片的精彩与否显得尤为关键，它会直接影响到广告是否成功。另外，版面中少量文字部分也需要合理安排位置，不能喧宾夺主，因为图片上的文字不能影响图片的主体视觉展现，此时需要结合我们前面所讲到的视觉流程原理进行综合考虑，使观者可以由图片注意到其他辅助文字部分，形成合理的视觉流线。（如图5-29、图5-30）

图 5-29　高露洁牙线广告

图 5-30　123 fleurs 鲜花速递广告

### （八）文字型

文字型版面是以文字为主要元素进行版面编排的类型，图片要素是版面的次要元素，辅助版面信息的传达。

文字型的编排会给读者带来没有图片直观的感觉。现在处于读图时代，或许图片更利于内容的快速传达，但有部分广告主题比较抽象，无法找到合适的图片进行表现，这时就需要选择文字型版面来进行内容的安排。

文字型构图形式有两个方面的优势，一方面是文字也可以经由编排设计而形成图形化的视觉效果，一样具有直观的形式感；另一方面是文字本身是有含义的，通过字义的传达，使受众更为清晰地接收到广告传达的主题。需要注意的是，在将文字编排为图形的视觉效果时，一定要考虑图形的外形轮廓与文字之间的关系，特别依据不同文字体系的个性特点找到合适的切入点，编排出的图形要生动、合理、巧妙，切不可生拼硬凑，给人刻意为之或者拙劣的组合感。同时要兼顾文字的识别性、阅读性。（如图5-31、图5-32、图5-33、图5-34）

图 5-31　Bose 耳机广告

图 5－32　Chupa Chups 棒棒糖广告

图 5－33　汉堡王广告

图 5－34　Rio 鸡尾酒系列广告

（九）指示型

指示型版面编排是指广告画面中有指示性表现内容，如箭头、方向性线条、手的指示方向、人物的身体姿态方向、人物的眼神、物体的运动方向等，观者的浏览顺序会随着画面的指向性编排而直接看到广告的诉求重心，以便迅速了解广告的宣传核心。此种编排形式具有鲜明的视觉诱导方向，需要注意编排时一定要将广告的诉求重心以极其简明的表达安排在指示构成形态的结尾处，使视觉流程的顺序终点与表达要点相吻合，从而取得良好的视觉传达效果。（如图5-35、图5-36、图5-37）

（十）网格型

网格型版面近似于网格系统的版面构成方式，用网格来分割版面，把版面分割为若干块面区域，然后图形、文字可依据版面块状的区域去配置各自的位置。这种版面形式适合于图片相对较多的广告类型，如系列化产品展示、多样商品促销广告，或者同一款产品不同颜色的展示，不同角度方向展示时都可以通过网格型构图来创造版面的秩序感。另外，在电影广告、文艺类活动广告宣传时，也可以用网格分栏或分块的方式配置人物角色，容易取得理想的宣传效果。

图 5－35　麦当劳广告

图 5－36　松下相机广告

图 5－37　Smart 汽车广告

在采用此种版面安排时，需要注意网格过于规整容易给人呆板的感觉，可根据广告内容元素的主次，适当调整区域所占面积的大小，打破网格过于规则的编排，同时也能增加版面的层次关系，增强版面的趣味性。最后还可以借助色彩间的关系，使版面有韵律感。（如图5-38）

## （十一）散点型

散点型版面是指版面中的构成要素呈散点式分布在广告画面中，给观者一种自由随意、没有刻意安排的视觉效果，使人感到轻松自如。但版面中的不规则分布，绝非是杂乱无章的安排，而是设计师的巧妙安排、精心构置，与散文的写作模式“形散神不散”有异曲同工之妙。此种版面中好似超脱表面的编排形式与原则，更容易获得意外的良好的视觉效果。(如图5-39)

在编排时要注意的是虽然版面注意焦点分散，但总体上须具有统一的气氛与效果，如统一的色彩主调或图形有相似性，不然就会因缺乏统一性而显得杂乱无章。

图 5-38 Smart 汽车广告

图 5-39 LG 空调广告

### （十二）切入型

切入型版面是一种富有创造性的编排方式，在编排时有意将构成元素从画面的上下左右四面的任意角度向画面内部切入，而切入的元素可能不完全进入画面中，其他元素被切入元素引导着继续配置，如广告标题、标志和说明性文字等，形成观者合理的视觉流线。

这种编排方式可以把版面理解为一个空间，或一个视觉窗口，而不是有边界限制的范围，突破了版面的有限性，在视觉上无形地扩大了版面的空间感，给观者带来空畅之感。而切入的元素是不完整的，在产品广告作品中，可能是产品的局部，那么局部的细节展示往往是产品的特点之处，也就是产品的卖点，这样反而更容易被观者识别到，从而更能激发受众的消费欲望。同时版面的整体视角又会更加新颖独特，版面显得跳动活跃。（如图5-40、图5-41、图5-42、图5-43）

图 5－40　亨氏番茄酱广告

图 5－41　Nissan 汽车广告

图 5－42　Selleys 胶水广告

图 5－43　Harvey Nichols 服饰广告

### （十三）交叉型

交叉型广告版面主要存在两个对象的交叉放置，交叉的形式可以是十字型，也可以是X型；既可以是图片之间组合相交叉、文字与文字之间的编排相交叉，也可以是图片与文字之间相交叉。当然，十字型交叉方式不一定是绝对的水平垂直交叉，也可以适当倾斜角度。

这种版面的构图形式使两个要素交叉的中心变成观者视线的焦点，这种紧张的对比有利于捕捉观众的目光，使其产生注意。所以在构建两者的位置和关系时要斟酌，要考虑交叉后的中心的位置，以及中心的表现效果。如果两者是前后的交叉，一个要素叠加在另一个要素之上，还可以产生版面的上下层次感，增加版面的视觉深度。（如图5-44、图5-45）

图 5-44　Letgo 广告

图 5-45　世界自然基金会公益广告

### （十四）背景型

背景型版面主要指版面背景上以与主题相关的产品、产品相关的肌理、某种相关纹样作为背景元素，能烘托出特定的广告氛围，也可以使广告主题明确表达，具备一定的对观者的诱导作用。

此种广告版面编排时需要注意背景的整体效果，在排列与分布时既要有变化也要整体和谐统一，可运用形式美法则中的对比、疏密、节奏、韵律等原则对版面进行调整，同时也不宜作跳动性过大的变化处理，这样可能会破坏其作为背景的衬托作用，也就难以对置于其上的其他构成要素起到良好的烘托、对比和呼应作用。（如图5-46、图5-47）

### （十五）平等型

平等型的版面是指版面的布局是平均的，区域划分明确清晰，编排时根据广告主题可将版面做横向划分或竖向划分，划分后的版面区域处于均等的视觉效果。视线也会因版面的分割方式不同而有不同的视觉流向。

此种版面形式需要注意依据广告主题或广告产品的形态而选择横向或是竖向分割，需要注意分割后的区域的面积比例关系，使整体画面趋于平等。同时，广告各元素也因为放置在版面均等分割的区域中而形成对比效果，使主题一目了然。（如图5-48、图5-49、图5-50）

图 5－46　世界自然基金会广告

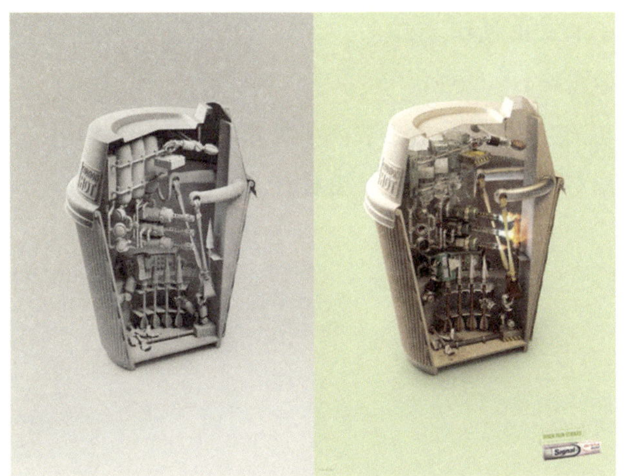

图 5－48　Signal 抗敏牙膏广告

图 5－47　Inchalam 钉子广告

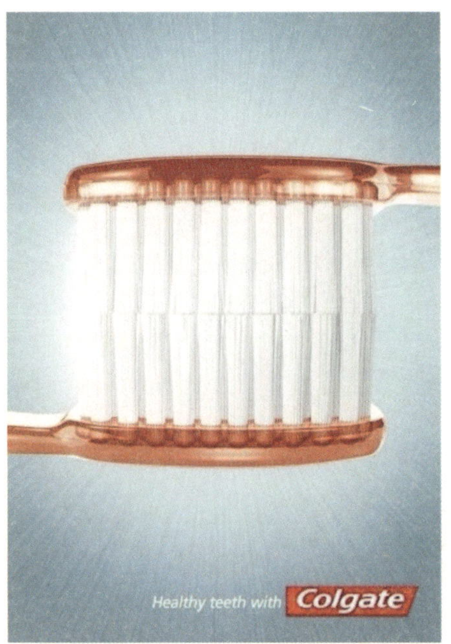

图 5－49　高露洁牙刷广告

图 5－50　Medical mutual 系列广告

**实训项目：**经典广告案例的版面赏析。

**项目内容：**学习本章理论知识，根据学习的内容进行总结归纳，简述广告作品中的视觉流程有哪几种、广告版面的类型有哪些。收集经典国内外广告案例作品进行广告版面分析。

**训练目的：**通过对经典国内外广告案例的收集，学生了解到广告版面的编排形式是非常丰富多样的，然后再通过分析这些经典作品的版面编排形式，逐步掌握广告版面的编排方法并学会在自己的作品中灵活运用。

**训练要求：**分析国内外经典广告案例的版面形式，制作成ppt在课堂上分享、讨论。

## 延伸阅读与参考资料

1. 刘延琪. 版式设计就这么简单［M］. 北京：电子工业出版社，2015.
2. 李金蓉. 广告设计与创意［M］. 北京：清华大学出版社，2020.
3. ［日］印慈江久多衣. 版式力：提升版面设计的留白法则［M］. 北京：中国青年出版社，2019.
4. ［美］罗宾·威廉姆斯. 写给大家看的设计书［M］. 北京：人民邮电出版社，2010.

# 第六章 广告媒体

**教学目标：** 主要介绍纸媒广告、电视广告、广播广告、户外广告、网络广告等广告所使用的传播媒介，了解广告媒介的基本知识；把握不同广告媒介的基本特性；掌握广告媒介应用的基本策略。

**教学重点：** 掌握不同的广告媒体的表现特点和创意原则，利用不同媒体的特性进行广告设计。

**教学难点：** 新媒体环境下的广告策划与创意。

广告媒体是向消费者传播广告信息的载体，是企业宣传的重要手段之一。随着经济的发展和技术的不断革新，广告媒体的类型越来越多，大体可以将媒体分为传统媒体和新兴媒体。而按其传播内容可分为综合性媒体和单一性媒体。综合性媒体指能够同时传播多种广告信息内容的媒体，如报纸、杂志、广播、电视等。单一性媒体是指只能传播某一种或某一方面的广告信息内容的媒体，如包装、橱窗、霓虹灯等。按媒体传播信息的长短可分瞬时性媒体、短期性媒体和长期性媒体。瞬时性媒体如广播、电视、幻灯片、电影等。短期性媒体如海报、橱窗、广告牌、报纸等。长期性媒体如产品说明书、产品包装、厂牌、商标、挂历等。按照与广告主的关系来分，又可分为间接媒体和专用媒体（或称租用媒体与自用媒体）。间接媒体（租用媒体）是指广告主通过租赁、购买等方式间接利用的媒体，如报纸、杂志、广播、电视、公共设施等。专用媒体（自用媒体）是指广告主所有并能为广告主直接使用的媒体，如产品包装、橱窗、霓虹灯、挂历、展销会、宣传车、企业官网、企业微博、企业微信公众号等。按接受类型来分类，广告媒体又可分为印刷类媒体和视听类媒体。

## 第一节 印刷类媒体

印刷类媒体是以纸张为载体、以印刷为手段进行知识、文化、信息传播的一种媒体。传统印刷媒体发展到今天种类已基本确定，具体包括大众熟知的报纸、书籍、期刊、说明书及商品包装等其他印刷物。提到印刷媒体，中国作为最早发明并使用印刷术的国家，在漫长的历史进程中发挥着不可替代的作用，在这一过程中印刷媒体也逐渐成为传递信息、表达文化思想、记录历史演进更迭的传播载体。换言之，没有印刷媒体的存在，人类文明就很难得到延续，人类思想就很难得到传承。即便是在数字与信息技术快速发展、新兴媒体层出不穷的今天，印刷媒体作为媒体中的“元老级别”的存在，依旧与主流媒体、新媒体并驾齐驱，代表着最权威的信息发布，这是数字媒体、新媒体无法做到的。

## 一、报纸广告

报纸以刊载新闻信息为主，一般以散页的形式连续发行，通过印刷在平面纸张上的文字、图片等符号传递信息。报纸媒体的优点是覆盖面较广，传播速度较快，而且可以多人传看，传阅性好，传读率高，所以传播面较广，时效性要求较高的广告不会发生延误情况；信息容量大，适应性强，版面众多，可以适应广告主各种不同内容的广告；报纸广告设计制作容易，表现方式灵活多样，可以根据广告主的不同要求进行灵活设计。报纸媒体的目标对象广泛而稳定，能满足各阶层人士的共同需求，读者群非常广泛。报纸媒体的缺点是印刷效果较差，作为大批量大消耗的印刷品，色彩和印刷质量必然会受到成本的限制；报纸媒体的广告注目率低，选择对象能力差，而且转读率高，不容易将信息传达给特定的广告受众；报纸媒体有效时间短，报纸出版率高，强调时效性，同一份报纸广告反复阅读的概率较低。此外，科技日新月异的今天，报纸作为一种传统媒介，受到来自新媒体的巨大挑战，许多年轻人已经不喜欢阅读纸质媒体或者没有看报纸的习惯，报纸的发行量从20世纪90年代开始已经呈现出下降的趋势。

报纸广告一般有整版、半版、四分之一版、通栏、双通栏、半通栏等几种版面规格。报纸广告有展示广告、插页广告、分类广告三种主要类型。

报纸中的展示广告采用印刷广告的标准成分——标题、正文，展示广告还配有插图，使广告内容与报纸的新闻内容区别开来。这类广告是广告主主要采用的类型。（如图6-1、图6-2）

图 6－1　屈臣氏报纸广告

图 6－2　房地产楼盘报纸广告

插页广告不会出现在正常的报纸版面上，而是在发行前夹入报纸内。

分类广告指按类别以纯文字信息形式出现的报纸广告。许多分类广告的发布者是个人。

## 二、杂志广告

杂志被称为平面广告的贵族媒体。其无论是文字、配图，还是版面设计，都要比报纸更加精美，因此价格比报纸要高。杂志广告的优点是读者对象比较确定、易于送达特定的广告对象。杂志时效长、传阅读者多、便于保存。此外杂志印刷色彩丰富、印刷图像精美、有较强的感染力。

### （一）杂志的种类

杂志媒介有不同的分类标准：

按照出版周期的不同，杂志可以分为周刊、旬刊、半月刊、月刊、双月刊、季刊、半年刊、年刊等。

按照读者对象的不同，杂志可以分为一般性杂志和对象性杂志。一般性杂志指以不加区分的普通读者为对象的杂志；对象性杂志则是以具有某一共同特性的读者为对象的杂志，如儿童杂志、青少年杂志、女性杂志等。

按照内容的不同，杂志可以分为新闻杂志、财经杂志、商务杂志、家庭杂志、运动杂志、旅游休闲杂志、时尚杂志、音乐杂志、影视杂志等。

按照发行范围的不同，杂志又可以分为国际性杂志、全国性杂志、地区性杂志。

### （二）杂志广告的主要规格

杂志一般提供封二、封三、封底、内页广告等版位，广告的版面规格通常有跨页、整版、半版、二分之一版、四分之一版、六分之一版等几种，封二、封三、封底一般只刊登整版广告，内页广告则可以包括不同的规格。另外，可以配合杂志正文，将产品信息融入文章中，还可以举办随刊赠送活动等。(如图6-3、图6-4、图6-5、图6-6、图6-7)。

图 6－3 DHL 杂志广告

图 6－4　SUNSILK 杂志广告

图 6－5　SUBARU 杂志广告

图 6－6　Apple Mac 杂志广告

图 6－7　宜家杂志广告

## 三、直邮广告

通过邮递直接送达潜在对象的广告叫作直邮广告。直邮广告目标对象明确，并且企业能够针对邮寄的对象，制定特定的宣传内容，增强直邮广告的诉求力，避免同其他企业的竞争，接受者的注意不会被分散。直邮广告的形式包括：销售信函、明信片、商业回执、折页和手册、内部刊物、产品型录等。(如图6-8、图6-9、图6-10、图6-11、图6-12)

图 6－8　家具产品型录

图 6－9　Vestre 家具产品画册

图 6－10　立陶宛 Paupys 新区宣传画册

图 6－11　尊尼获加（Johnnie Walker）红包设计

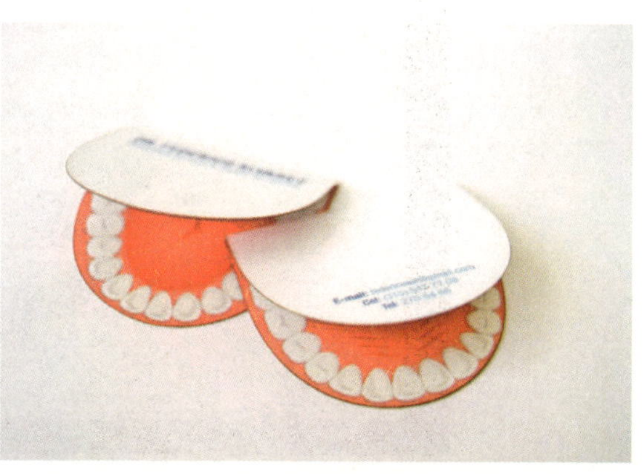

图 6－12　牙医名片设计

## 第二节 视听类媒体

1945年美国全国教育协会在有关该会视听教学业务部宗旨和作用的提纲中指出，视听类媒体是指在传播信息的过程中，主要以声音或图像为载体，作用于人的视听感觉器官的媒体。广告媒体按其功能分类，可分为视觉媒体、听觉媒体和视听两用媒体。视觉媒体以报纸、杂志为主，还有户外媒体，如路牌、灯箱、霓虹灯、车厢、气球、模型等；听觉媒体包括广播媒体、录音带媒体、电话媒体；视听两用媒体包括最受欢迎的电视媒体、电影院媒体、表演性媒体和网络媒体。

### 一、传统电视广告

传统电视媒体的优势首先是内容主流化，电视媒体作为主流媒体在长期的历史进程中，倚靠其强大的背景和资源，占据着垄断的地位。其在信息采集、制作、编排和播出的过程中，都有着较为严格的审查、把关和监控，在公众中形成了较高的权威性。电视媒体制作精美，广告冲击力、感染力特别强。电视媒体的劣势是时效性较弱，播出时间固定；线性顺序播放，受众无法根据喜好自主选择；互动性差，传播效果不易及时反馈；采、编、播、审成本较高。

#### （一）电视媒介的广告类型

电视媒介的广告有电视广告片、植入式广告、栏目冠名、电视广告专题片、贴片广告、走马字幕广告等类型。

#### （二）电视广告的规格

电视广告有60秒、30秒、15秒、5秒等规格。由于电视节目安排非常紧凑，而且电视的播出技术相对复杂，所以电视媒介对于广告规格的限制非常严格。（如图6–13、图6–14）

图6–13 肯德基10元经典早餐层层篇30秒电视广告

图 6-14　中国联通形象篇 60 秒电视广告

## 二、广播广告

广播的传播形式略显单一，它主要是通过语言、音乐、音响产生听觉形象来传播信息。但随着车载广播和一些电台的兴起，人们可以通过拨打热线电话参与讨论，在互动环节广播与消费者的关系显得更加亲密，也使广播成为一种参与性较强的广告媒体。广播媒体的优势首先是传播面广，用声音传播内容，听众不受年龄、性别、职业、文化、空间、地点、条件的限制。其次是广播传播速度快，能把刚刚发生和正在发生的事情告诉听众。再次是感染力强，广播依靠声音传播内容，声音的优势在于具有传真感，听其声能如临其境、如见其人，能唤起听众的视觉形象，有很强的吸引力；最后是广播是一种多功能的传播工具，可以用来传播信息、普及知识、开展教育、提供娱乐，能满足不同阶层、不同年龄、不同文化程度、不同职业分工的听众多方面的需要。

广播媒体的劣势是传播效果稍纵即逝，耳过不留，信息的储存性差，难以查询和记录；线性的传播方式，即广播内容按时间顺序依次排列，听众受节目顺序限制，只能被动接受既定的内容，选择性差；广播只有声音，没有文字和图像，听众对广播信息的注意力容易分散。

### （一）广播广告的主要类型

广播电台主要提供四种类型的广告。

节目广告：电台划出一段固定的节目时间，这段时间的节目名义上由广告客户提供，节目的客户可以在节目中插播广告。节目广告一般收费较高。

插播广告：在节目之间播出的广告。

电台广告节目：在一个固定的时间段里连续播放数家广告客户的广告。插播广告和电台广告节目通常按照一般的标准收费。

报时广告：在报时的时间间歇播出的广告。报时广告既是广告，也提供报时服务，听众的关注度比较高，广告价格也相对较高。

### （二）广播广告的规格

广播广告一般有60秒、30秒、15秒、5秒等规格，对于录播的广告，时间有严格的限制，而由播音员或节目主持人现场播音的广告，时间限制则没有那么严格。

## 三、视听新媒体广告

新媒体是一个相对的概念，在媒介演变谱系的不同时间节点，广播之于报纸，电视之于广播，互联网之于广播电视和报纸，智能手机之于传统媒体，都可以被视为新媒体。视听新媒体按技术的革命性变化来划分，把基于互联网的各种视听业务形态称为视听新媒体，包括网络广播影视、IP电视、互联网电视、手机视频等。按时间与空间的变化来划分，把近十年中出现的、在传播空间上发生重大变化的视听业务形态叫作视听新媒体，这种意义上的视听新媒体除了上述形态外，还包括移动多媒体广播电视、公共视听载体等非技术突变性媒体形态。

目前我国视听新媒体业务的市场形态具体包括：网络电视、手机视频、网络广播、移动多媒体广播电视和公共视频载体。

### （一）网络广播

网络广播是新媒体和传统媒体融合的产物，是广播在互联网时代发展的新探索。（如图6-15）它把传统意义上的空中电台搬到了网上，由网络电台主持人通过互联网进行广播，用户通过登陆电台网站即可进行收听，具备传播速度快、音质清晰、信息容量大、覆盖面广的特点。网络电台既可以像其他传统电台一样即时收听，又可以随时随地重复收听，弥补了传统电台节目的致命缺陷，使得节目得以保存下来。听众可以选择在线收听，也可以直接下载。在收听节目的同时可以浏览相关的人物形象或者是文本资料等，使传统只能单一获取声音信息的模式变成了可以获得多种综合信息的模式，丰富了原有的广播节目。

图 6-15 网络广播

此外，互动平台提升了受众和广播的互动和粘连度。现在的共享已经做得非常便捷，只需要通过一定操作，就可以将节目一键分享到微博、微信等。

### （二）网络电视

网络电视包括IPTV、互联网电视，它利用互联网整合多种内容资源对电视节目进行直播或点播。网络电视具备无局限性和智能化的特点。受众可以在不同的地点、不同的时间、不同的环境，不受限制地收看电视节目，能够在最短的时间内找到感兴趣的节目进行观看，不再受传统电视固定时间和固定节目内容的限制，可以随意切换、随看随停。网络电视的智能化在于用户可以根据节目表预先知道各台播出的节目内容，不用再依次翻找。网络电视的节目内容更加的多样化，观众不仅可以收看电影电视、新闻节目，还可以将喜欢的节目录制下来进行回放。网络电视广告除了常规的视频广告外，还有图片广告、广告专区、暂停广告、退出广告等多种模式。

### （三）手机视频

从传播学角度理解，可以将手机视频看作是一种电视传播媒介，它利用数字电视广播网络，由视频运营公司主导发起，基于移动网络，以智能手机为终端，可以在手机下载运行的App产品，如优酷、爱奇艺等手机移动App。此外还有近年来热门的短视频平台，如抖音App、小红书App等。

#### 1. 手机的特性

（1）移动便携性

智能手机体积小，便于随身携带，不受时间地点的限制，人们将一些碎片化时间充分利用起来，可以随时随地看一些自己喜爱的新闻、电视剧、娱乐视频等，真正把人们从客厅中解放出来，同时也延长了传统电视的黄金收视时间。

（2）良好的交互性

手机视频的多向性传播方式改变了传统电视的单向性传播，把广大受众群体纳入信息网络中，人们可以互相交流，可以发表对长短视频的评论，人们已经不再是简单地看电视，也开始参与到剧情的制作中来，增加了双方的互动性。

（3）个性化的传播内容

由于传统的电视播出方式的特点，观众受播出时段的限制只能被动收看一些节目，可能这些节目并非自己喜欢看的，而手机视频的出现彻底改变了这种情况，用户可以凭个人喜好去选择视频节目，并且可以随时随地观看。

#### 2. 手机视频的广告类型

近年来的影视广告和手机上的其他表现形式相结合，碰撞出了新火花，根据创作形式可划分为以下几种：

贴片式视频广告，即将视频广告直接附在视频节目的前中后三个部分中，随视频节目一同播出。

手机应用推送，即通过社交公众号或者手机应用的内部推送视频广告。

手机视频直播，即通过直播，实时让受众与广告主沟通，全面了解广告信息。

互动式视频广告，使人们使用晃动、吹气、触碰等操作，参与到视频广告信息的播放中，多为可互动的H5广告。（如图6-16）

功能性视频，即在教程或者讲义类的功能性视频中融入产品功能展示，让观众在学习的时候产生购买欲望。

图 6-16　京东 H5 广告

## 第三节　户外广告媒体

户外广告媒体普遍意义上指的是放置于室外空间或场所，搭载户外广告的载体，其能在一段既定的时间内向公众持续地传送特定的广告信息。每天，我们离开家门，在商场、地铁、公园、车站等各类公共场所，都会接触到各式各样的户外广告，不仅仅是视觉，还有听觉、触觉，多感官综合接受着广告信息的“轰炸”，这种直观的传播方式一直以来都受到许多业界人士的青睐。直至今天，户外广告媒体在所有传播媒体中仍然占据着非常重要的位置。同时，户外媒体不仅仅能传达广告信息，其也是一座城市的景观之一。尤其夜晚时分，城市中林立着奇光异彩的灯箱广告和霓虹灯广告，与路灯、车灯交相辉映，形成一道道迷人的风景，为城市增添了风采。

### 一、户外广告媒体分类

户外广告媒体包含的范围十分广泛，某种程度上来说，一切可利用的户外资源都可以成为户外广告载体。在当今社会，随着科技的发展，新的技术、材料层出不穷，户外广告的表达方式和对空间利用形式不断创新开掘，种类不断丰富。划分标准不同，户外广告媒体分类也不同。

根据载体不同，户外广告媒体可以分为固定类和移动类。固定类包括招牌、立柱、候车亭灯箱、雕塑广告等；移动类包括交通工具、车载电视、手举牌等。

根据广告自身的动态特点，户外广告媒体可以分为二维静态广告媒体和三维动态广告媒体。二维静态广告媒体有路牌、招贴、海报、灯箱、车身墙体等；三维动态广告媒体有数字电视、电子显示屏、触摸屏、霓虹灯等。

户外广告媒体还可以分为平面广告媒体和立体广告媒体。平面广告媒体指招贴、海报、条幅、墙体等；立体广告媒体指霓虹灯、广告柱、广告塔、灯箱等。

（一）路牌广告

路牌是最常见的一种户外广告媒体，大都设在人流较集中的地方，如交通要道、车站、机场、公园门口或风景区等。路牌广告的目标对象一般都是行人，画面图文醒目，文字精练，视觉冲击力强。路牌广告的尺寸由于具体位置不同，各不相同。交通道旁树立的路牌，一般高2.5米，有方形与矩形两种；同时，还有广告牌子靠贴高层建筑物的顶部或侧面。广告牌主要设置在各种建筑物的墙壁上或其顶部，可高至数十层楼。媒介载体不仅是广告赖以存在的必要条件，有时，还可以通过机智风趣的方式使广告要传达的信息和它所处的媒介载体环境相结合。让广告载体所处的环境和广告的内容有机地融为一体，成为广告的组成部分。（如图6-17至图6-21）

图6-17　LEGO 路牌户外广告

图6-18　旁氏防晒霜户外广告

图6-19　麦当劳 big mac 路牌广告

图 6－20　大众汽车户外广告

图 6－21　iPad mini 户外广告

（二）灯箱广告

灯箱广告拥有百年的历史，于1910年夏末首次亮相于巴黎的一次国际汽车展览会之上，这一广告载体主要由玻璃管按照设计制成各种文字和图案，通电后可以发出各色可见光，通常悬挂在室内或室外。灯箱广告简单明了，光亮艳丽，引人注目。图6-22是TBWA为麦当劳推出的一组广告，利用霓虹灯打造成汉堡、薯条的形象，在温暖的光晕下告诉人们夜深了可以来麦当劳吃点东西。

图 6-22　麦当劳灯箱广告

（三）交通工具广告

随着交通工具的日益发达和完善，交通工具广告媒体已经成为一种包含多种表现形式、特色鲜明的广告媒体类型。主要包括交通工具车身等外部载体；车载电视、椅背、椅靠、拉手等内部载体；火车票、飞机票、公交车票、地铁票等车票载体；地铁口、候车厅、车站墙体等站点载体。交通工具广告媒体的受众接触面极大，成本较低，受众接受信息的记忆度较高，宣传效果较好。例如百度App在杭州地铁一号线站内投放了一组平面广告，把网友们的生活现状简单直观地呈现出来，用反问的形式告诉人们“百度一下，你就知道”。(如图6-23)

图 6-23 百度搜索地铁广告

(四) 电子显示屏广告

电子显示屏广告是一种新媒体广告形式，也是目前较为常见的一种户外广告，主要是通过屏幕内部装设的电子管不停变幻来显示各种信息，具有即时性、针对性强等特点，某些显示屏还能与受众进行互动。其形式醒目、内容丰富、传播形式多样，给人的视觉冲击力强，可持续性利用方面也显示出了独特的优势，传达广告信息的作用非常明显。(如图6-24)

图 6-24 电梯电子显示屏广告

## 二、户外广告媒体特点

### （一）户外广告媒体优势

#### 1. 位置优越，诉求具有针对性

户外广告媒体一般都安置在地理位置优越之处，人流量大，受众面广，容易引起注意；同时可以根据区域特点进行广告设计，如商场、公园、交通工具等选择相对应的广告表现形式，诉求具有针对性，可以为经常在此区域内活动的消费者提供反复的宣传，引起深刻印象，达到宣传目的。

#### 2. 传达时间持久

著名广告人大卫·勃恩斯坦说过：“只要有人从广告所设置处经过，户外广告便如一位忠实的服务者一样，时刻担任着为你传播广告信息的任务。你不必担心它会偷懒，它也从不会感到厌倦。”这充分说明了相比其他传统广告媒体在时间上的限制，户外广告媒体能够24小时持续不间断地进行广告信息发布。这种长时间的宣传，一方面增加了受众的数量，另一方面增强了受众的记忆。

#### 3. 广告费用相对低廉

由于户外广告的单位制作面积有限，制作手段相对简单，所以其制作费用较低；此外，安置场所的租赁费用也比较低廉，所以一般企业都乐意选用户外广告媒体宣传自己的产品。

### （二）户外广告媒体劣势

#### 1. 覆盖面相对较小

大多数户外广告媒体是非移动的，其位置固定，因此覆盖面相对较小，广告发布地点的选择尤其重要，依赖人流量和商业发展情况。

#### 2. 受众群体信息接收被动

受众群体一般不会主动去接触广告信息，接收较为被动。同时，手机媒体让多数人成为低头一族，人们对户外广告往往无暇顾及。

#### 3. 相对容易形成“广告盲区”

户外媒体林立，广告设置常常过于密集，这样很容易在受众视觉上形成“广告盲区”，使信息传达无效。

## 三、户外广告媒体发展趋势

### （一）户外广告媒体阵地的转变

近年来，高新科学技术快速发展，网络新媒体大行其道，传统户外广告媒体在受众和传统户外资源量等方面都受到了一定的冲击。为了使广告信息得到进一步的有效传播，户外广告媒体的放置不仅限于传统的交通流量较大的区域和地点，各大卖场、楼宇电梯间都安装了数字电视设备。对户外环境进行创新利用，使广告信息更加有效地传播到受众周围。

### （二）户外广告媒体形式的转变

首先户外广告媒体形式由平面静态向多维动态转变，突破了传统“图片+文字”的表现方式，无线通信、数字传感等一系列新技术在新媒体上的应用，为户外广告注入了全新的创作理念。如数字电视技术使原本静态形式存在的户外广告牌逐渐转变为具备视听体验的LED显示屏，能更加直观、生动地传播各类广告信息；技术的创新、科技的发展，使得户外广告媒体不只是追求视觉表现和产品展示，户外广告

与互联网、移动智能终端密切结合，增加了受众与产品广告的交互式体验，注重受众的全方位感知，调动受众情绪的同时传播产品信息，受众不再是信息的被动接收者而是主动地参与其中，这种用户体验的加强与受众互动的转变更好地传达了广告信息。

## 第四节 网络广告媒体

### 一、网络广告媒体及其发展

21世纪以来，互联网以最快的速度向上飙升，被称为继报刊、广播、电视等传统大众媒体之后新兴的第四媒体，同时也被誉为21世纪最耀眼的传播媒体。网络广告媒体起源于上世纪90年代的美国，指的是以互联网技术为依托，为受众提供有关广告信息的媒介载体。网络广告改变了信息的单向传播形式，其互动性和大量的用户信息反馈是它的最大优势，也正是广告主所需要的，精准的广告定位、极其广泛的传播范围以及动态多维的广告视听效果使网络广告媒体发展越来越迅速。网络广告以快速增长的方式侵占市场，不但集文字、声音、影像等多种形式于一体，还因其方便快捷的优势极大地丰富和发展了互联网市场，日益显现出巨大的经济作用，逐渐成为新时代的“主流媒体”。

最初的网络广告媒体以门户网站（如新浪、网易、腾讯、搜狐等）为主。区别于传统广告媒体“点对面”的传播方式，网络广告诞生之初就以“多点对多点、病毒式、全立体”的传播方式获得极大的优势。此时最主要的网络广告形式为网页横幅广告，以静态图片为主，设计元素与其他传统媒体的平面设计元素没有区别；但很快，动态元素大行其道，不仅包括各类小动画，还有视频剪辑，视觉形式丰富的同时更可以借助网络广告与受众进行互动，比如参加游戏、活动体验、制作用户生成内容等。这是一个非常重要的网络现象，受众转变为用户，而不单单只是广告信息的被动接收者，用户可以与网络广告进行互动，可以给出使用反馈等。

社交媒体的出现与发展为互联网带来了变革：网络广告范围进一步扩大，广告内容的提供者进一步增多。一方面用户在通过社交媒体获得广告信息的同时也在生产信息，如转发和分享；另一方面新的广告形式——“广告植入软文”商业价值变现效果斐然。

如今，网络广告媒体以移动互联为主，其网络广告类型主要包括体验互动式、病毒式、分享式。体验互动式的网络广告要诱导用户自发性地参与；病毒式的广告更多的是一种营销手段，通过用户对广告信息的各种积极分享性行为（转发、谈论、推荐等）产生类似于病毒扩散效应，从而获得理想的传播效果；分享式的广告以视频为主，视频平台的登场，也代表着单向沟通的终结，改变了一般的传播生态界，直播也是在此基础上孕育而生的。

### 二、网络广告媒体特点

#### （一）网络广告媒体优势

##### 1. 传播范围广泛，信息获取便捷

网络广告的传播不受时间、空间，或者是版面的限制，它可以把广告信息24小时不间断地传播至世

图 6－25　溜溜梅旗舰店网络广告

界上每一个角落。传播信息范围广泛，只要具备上网条件，受众随时随地都可以进行广告信息接收，非常方便。（如图6－25）

2. 互动性强，与用户直接建立联系

传统广告媒体信息大都是单方面传播，其只有受众而没有用户；而网络广告具有高度的互动性，受众在传播过程中的角色由接收者转为能动者，由受众转为用户。一方面可以主动获取他们认为有用的信息，另一方面可以及时反馈广告需求，广告主第一时间了解、短时间内改变信息并给予。这样的信息互动传播是一种极其有效的“自发式参与”，能够与更多的用户建立起联系，是传播过程的一个环节。

3. 受众明确，精准投放

传统媒体目标受众较为分散，同时具有不明确性，网络媒体则具有明确的受众，还可以根据受众浏览习惯、搜索记录和购买品牌推送相关的广告信息，定向发送、精准投放，针对性强。明确的目标群体既节约了消费者的时间，也节省了大范围信息传播的成本。

4. 实时性强，反应速度快

网络广告媒体可以随时根据需求更改广告信息，实时性极强，这点完全有别于传统媒体更改信息之艰难；同时，网络媒体也可以长时间地保存广告信息。

5. 可以直接进行购买

网络广告以多感官的信息传送，受众可以直接感受商品或服务，同时进行网上交易，这大大缩短了购买考虑、比较的时间，方便了顾客，又增强了广告的实效。

（二）网络广告媒体劣势

1. 广告质量参差不齐

画面优美、构思精深的网络广告带给受众美好的体验，信息传达成功引起消费欲望。但不可否认的是，格调低下、制作粗糙的网络广告数量也不少，甚至包括一些虚假广告。网络广告水平良莠不齐，亟须提高制作质量。

2. 广告泛滥

网络广告的泛滥有目共睹，时不时自动弹出的广告令人心烦，更别谈遮挡住我们想要浏览的信息。不计数目地盲目插播广告、强制性施加广告，严重地影响了网络正常行为，泛滥的广告并不会产生任何正面的宣传效果，反而会引发人们对广告内容、对品牌的反感。

## 三、网络广告形态

（一）网幅广告

网幅广告是以JPG、GIF、Flash等格式定位于网页中的图像广告。（如图6-26）

图 6-26　三只松鼠网幅广告

（二）插播广告

插播广告是弹出式广告。

（三）邮件广告

邮件广告通过电子邮箱推广。通过互联网将广告发到用户电子邮箱的网络广告，针对性强，传播面广，信息量大，是直邮广告在网络时代的新形式。

（四）搜索广告

搜索广告是利用搜索引擎平台投放的广告，最常见的形式是关键词广告，通常通过竞价排名销售。

（五）定向广告

定向广告是各类推送广告，精准传播。如朋友圈广告、LBS广告（LBS全称为Location Based Service，意为基于位置的服务。LBS广告是商家利用位置服务和全球导航卫星系统等基础设施，将广告发送到用户的手机、PAD等移动设备上，以实现在特定的地理位置附近向消费者推送有针对性的广告内容的目的）等。

（六）视频广告

视频广告包括短视频广告、网剧植入广告、硬广等。

（七）自我广告

自我广告有官网、官博、官微上的广告。

（八）口碑广告

口碑广告包括用户评价、商品点评等。

**实训项目：**商业广告设计。

**项目内容：**全国大学生广告艺术大赛、中国大学生广告艺术节学院奖、时报金犊奖等命题。

**训练目的：**通过训练，让学生根据品牌或产品特点选择合适的广告媒介，把握不同广告媒介的基本特性；掌握广告媒介应用的基本策略；掌握不同的广告媒体的表现特点和创意原则，利用不同媒体的特性进行广告设计。

**训练要求：**突出产品定位，在目标人群心中塑造符合产品调性的个性形象；提升产品在目标人群中的知名度与好感度，吸引消费者购买；广告媒体选择具有前瞻性，注重广告设计的新动向和新探索；打破不同专业领域的边界，将设计触角延伸到不同领域，通过各种媒介传播给受众，使广告设计本身具有更现实的意义。

## 延伸阅读与参考资料

1. 崔银河. 广告媒体策划与应用［M］. 北京：中国传媒大学出版社，2017.

2. 马春辉. 广告媒体分析教程［M］. 长沙：中南大学出版社，2019.

3. 丁俊杰. 广告学概论［M］. 北京：高等教育出版社，2018.

4.［加］戴维·克劳利，保罗·海尔. 传播的历史：技术、文化和社会［M］. 6版.北京：北京大学出版社，2018.

5. 李斌. 广告精准投放：移动互联网时代的广告投放策略［M］. 北京：中国经济出版社，2017.

6. 汤章辉. 基于手机媒体的视频广告设计优化研究［D］. 无锡：江南大学，2017.

7. 舒咏平，鲍立泉. 新媒体广告（第二版）［M］. 北京：高等教育出版社，2016.

8. 余兰亭. 新媒体环境下的广告策划与创意［M］. 武汉：武汉大学出版社，2019.

# 参 考 文 献


[1] ［美］大卫·奥格威. 一个广告人的自白［M］. 北京：中信出版社，2015.

[2] 王受之. 世界平面设计史［M］. 北京：中国青年出版社，2018.

[3] 张伟. 海上花开：月份牌历史与艺术［M］. 上海：上海大学出版社，2021.

[4] 秦臻. 中外广告简史［M］. 重庆：重庆大学出版社，2021.

[5] 杨海军. 中外广告史新编［M］. 上海：复旦大学出版社，2009.

[6] ［美］大卫·奥格威. 奥格威谈广告［M］. 北京：中信出版社，2021.

[7] ［英］肯·伯坦肖，尼克·马洪，凯洛琳·巴尔福特. 广告设计基础.［M］. 北京：中国青年出版社，2013.

[8] ［美］乔尔·J. 戴维斯. 广告调查：理论与实务［M］. 2版. 北京：中国人民大学出版社，2016.

[9] ［美］艾·里斯，杰克·特劳特. 定位［M］. 北京：机械工业出版社，2021.

[10] 陈莹. 广告设计与策划［M］. 沈阳：辽宁美术出版社，2017.

[11] 张通，曹汝平，彭麦福. 广告策划创意和设计［M］. 合肥：安徽美术出版社，2017.

[12] ［英］爱德华·德博诺. 水平思考［M］. 北京：化学工业出版社，2017.

[13] 陆斌. 现代广告学［M］. 上海：同济大学出版社，2017.

[14] 程宇宁. 广告创意［M］. 北京：中国传媒大学出版社，2017.

[15] 李正良，李传瑞，田森琪. 广告创意学［M］. 北京：高等教育出版社，2021.

[16] 刘建萍，陈思达. 广告创意概论［M］. 2版. 北京：中国人民大学出版社，2018.

[17] 陈根. 广告设计：从入门到精通［M］. 北京：化学工业出版社，2018.

[18] 刘琼. 广告设计原理与实践［M］. 北京：印刷工业出版社，2012.

[19] 杨海军. 中外广告史新编［M］. 上海：复旦大学出版社，2009.

[20] 程亚鹏. 平面广告创意设计［M］. 北京：北京大学出版社，2016.

[21] 刘延琪. 版式设计就这么简单［M］. 北京：电子工业出版社，2015.

[22] 李金蓉. 广告设计与创意［M］. 北京：清华大学出版社，2020.

[23] [日] 印慈江久多衣. 版式力：提升版面设计的留白法则 [M]. 北京：中国青年出版社，2019.

[24] [美] 罗宾·威廉姆斯. 写给大家看的设计书 [M]. 北京：人民邮电出版社，2010.

[25] 崔银河. 广告媒体策划与应用 [M]. 北京：中国传媒大学出版社，2017.

[26] 马春辉. 广告媒体分析教程 [M]. 长沙：中南大学出版社，2019.

[27] 丁俊杰. 广告学概论 [M]. 北京：高等教育出版社，2018.

[28] [加] 戴维·克劳利，保罗·海尔. 传播的历史：技术、文化和社会 [M]. 6版.北京：北京大学出版社，2018.

[29] 李斌. 广告精准投放：移动互联网时代的广告投放策略 [M]. 北京：中国经济出版社，2017.

[30] 舒咏平，鲍立泉. 新媒体环境下的广告策划与创意 [M]. 武汉：武汉大学出版社，2019.

[31] 汤章辉. 基于手机媒体的视频广告设计优化研究 [D]. 无锡：江南大学，2017.

[32] 余兰亭. 新媒体环境下的广告策划与创意 [M]. 武汉：武汉大学出版社，2019.